ADAC
Reiseführer

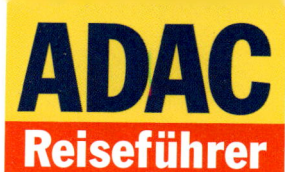

Mexiko

von Birgit und Manfred Wöbcke

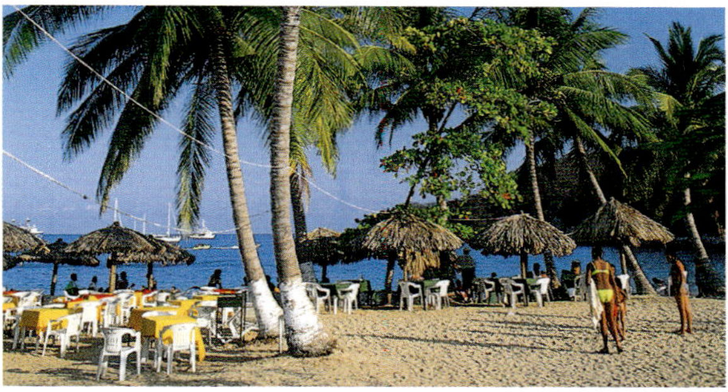

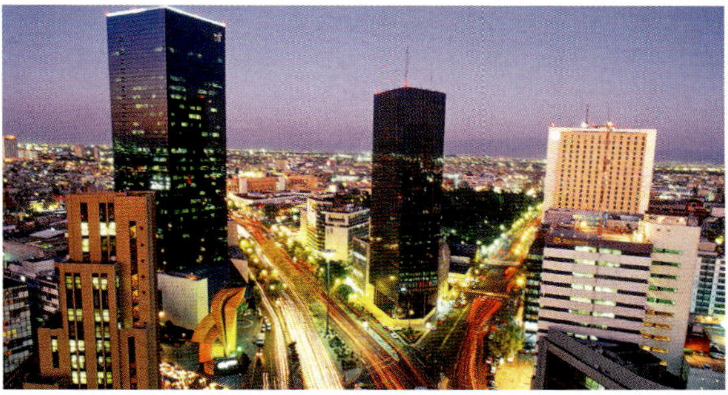

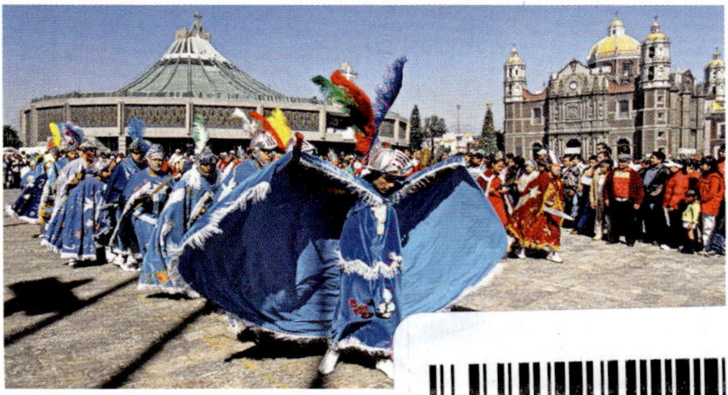

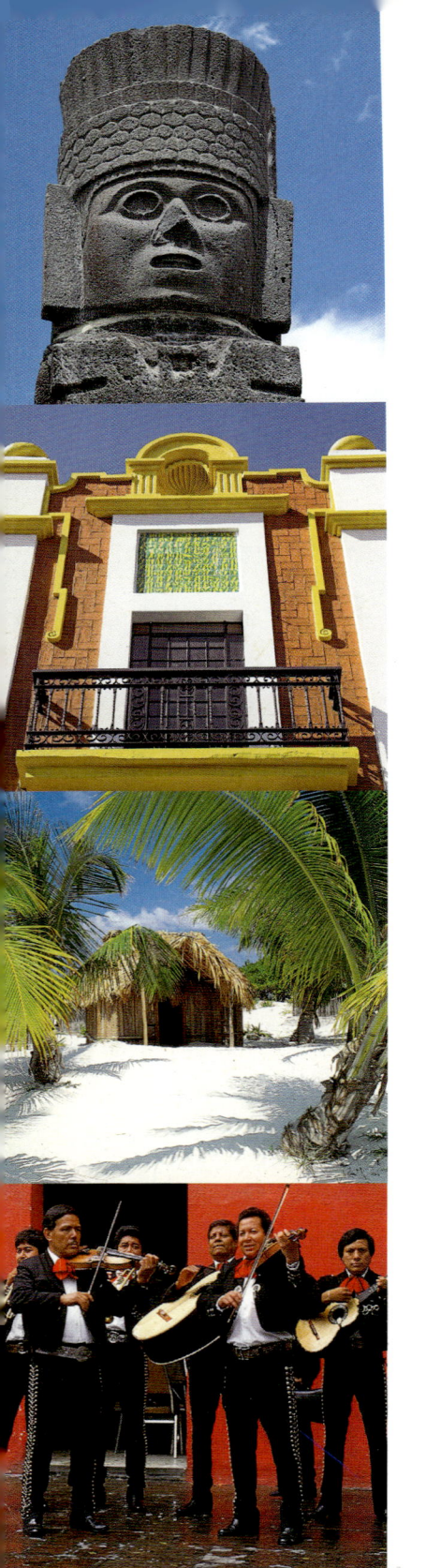

☐ Intro

☐ Unterwegs

☐ Service

Leserforum

Die Meinung unserer Leserinnen und Leser ist
wichtig, daher freuen wir uns von Ihnen zu hören.
Wenn Ihnen dieser Reiseführer gefällt, wenn Sie
Hinweise zu den Inhalten haben – Ergänzungs-
und Verbesserungsvorschläge, Tipps und Korrek-
turen – dann kontaktieren Sie uns bitte:

Redaktion ADAC Reiseführer
ADAC Verlag GmbH
Am Westpark 8, 81365 München
Tel. 089/76 76 41 59
reisefuehrer@adac.de
www.adac.de/reisefuehrer

Mexiko Impressionen

¡Bienvenido a México!

Eine Reise nach Mexiko ist ein Fest für die Sinne. Von den kakteenbestandenen Halbwüsten der nördlichen Baja California zu den schneebedeckten Vulkanen des Hochlandes und den feinsandigen Karibikstränden im Süden: Schon die gewaltige Größe Mexikos verspricht landschaftliche Vielfalt.

Kultur und Natur im Land der Götter und Revolutionäre

Steile Klippen und seichte Buchten wechseln ab an der **Pazifikküste**. Mehrere Jahrhunderte lang prägte der mexikanische Pazifik die Geschichte der **Seefahrt**. Aus einer indianischen Siedlung erwuchs der bedeutendste Hafen des 16. bis 18. Jh.: Acapulco. Von hier aus starteten spanische Schiffe auf ihren Handelsrouten in den Orient und nach Asien, erkundeten Alaska und die Philippinen. In den 1950er-Jahren dann entdeckte man das touristische Potenzial der Pazifikküste. Neben bekannten Zielen wie Acapulco, Puerto Vallarta und Mazatlán trifft der Besucher aber auch auf kleine, beschauliche Fischerdörfer und auf Buchten, die nur vom Wasser aus zu erreichen sind.

Der Gebirgszug der **Sierra Madre Occidental** durchzieht das mexikanische Hochland im Westen, im Osten ist es die **Sierra Madre Oriental**. Dichte Eichen- und Kiefernwälder prägen die Höhenlagen und in unzugänglichen Gebieten jagen Pumas, Schwarzbären und Wildkatzen.

Halbnomadische Indianerstämme leben wie ihre Vorfahren, halten fest an ihren mythischen Tänzen und dem rituellen, als heilig erachteten Genuss des Peyote-Kaktus. **Sierra Volcánica Transversal** wird der 900 km lange vulkanische Gebirgszug genannt, der die Hochebene im Süden in Ost-West-Richtung abschließt. Ihn krönen der höchste Berg Mexikos, der 5742 m hohe Pico de Orizaba, ebenso wie die schneebedeckten Vulkane Popocatépetl (5462 m) und Ixtaccíhuatl (5286 m).

Oben: *Der Karneval in Mexiko ist bekannt für seine farbenprächtigen Umzüge, Sonnenuntergang an der Baja California*
Oben rechts: *Logenplatz mit herrlichem Blick auf die Pyramide des Kukulcán in Chichén Itzá*
Rechts: *An Traumstränden herrscht in Mexiko wahrlich kein Mangel – La Ropa Beach in Zihuatanejo*

Tempel und Pyramiden

»Die große Kunst des alten Mexiko wurde geboren aus dem Spannungsfeld zwischen Natur und Kultur«, analysiert der mexikanische Schriftsteller Carlos Fuentes. Jahrhunderte vor der Zeitenwende errichteten **Maya** und **Azteken** gewaltige Zeremonialstätten zu Ehren ihrer Götter und Priesterkönige. Wer heute die Pyramiden im Regenwald von **Chiapas** besucht, die auf einem Berggipfel in 1950 m Höhe erbaute Akropolis in **Monte Albán** besichtigt oder die auf einer Klippe hoch über der Karibischen See thronende Festungsstadt **Tulum**, wird nicht wissen, was schöner ist: die geheimnisvollen Bauwerke oder die sie umgebende Natur.

Azteken ihre wirtschaftliche Blütezeit. 150 Jahre, bis zur Eroberung ihres Landes durch die Spanier, war Tenochtitlán ihre Hauptstadt. Der spanische Eroberer, Hernán Cortés, machte die Stadt mit ihren Pyramiden und Palästen dem Erdboden gleich und ließ auf den Trümmern Mexiko-Stadt erbauen.

Sowohl in der Hauptstadt als auch in der Nähe der mit rund 22 Millionen Einwohnern drittgrößten Metropolregion der Welt trifft man auf die Zeugen der indianischen Vergangenheit wie z. B. **Teotihuacán**, eine gewaltige Ruinenstadt, deren Erbauer noch immer unbekannt sind, und **Tula**, ein Kleinod toltekischer Baukunst.

Im Süden des Landes, im Bundesstaat **Oaxaca**, erbauten die Vorfahren der dort heute noch lebenden Zapoteken und Mixteken ihre Tempel, während die Maya im Regenwald von **Chiapas** sowie auf der der Karibik zugewandten Halbinsel **Yucatán** ihre Pyramiden errichteten. Die **Golfküste** wiederum war die Heimat der Olmeken, der ältesten der mesoamerikanischen Hochkulturen.

Logis im Herrenhaus

Überall im Land trifft man auf frühspanische Hinterlassenschaften. Auf den Hochebenen, die mehr als die Hälfte der Landesfläche ausmachen, liegen besonders viele **Kolonialstädte**. Über einige wacht der Denkmalschutz, wie in San Miguel de Allende, Taxco, Morelia und Guanajuato. Aus Marmor und rotem

Dem Besucher offenbart sich das Land als eine Schatzkammer untergegangener Hochkulturen. Bislang wurden mehr als 25 000 archäologische Stätten, auch mithilfe von Infrarot-Aufnahmen, ausfindig gemacht. Rund 200 von ihnen sind öffentlich zugänglich.

Einen ersten Eindruck von der Baukunst der präkolumbischen Völker verschafft man sich am besten im **Museo Nacional de Antropología** von **Mexiko-Stadt**, einem Ausstellungsforum von Weltrang. Seit dem 14. Jh. erlebten die

Sandstein erbaute Herrenhäuser und Stadtpaläste bleiben damit so erhalten, wie sie vor 300 Jahren gebaut wurden. Barocke Paläste, Schlösser, Klöster, Haciendas und Herrenhäuser bieten touristische Anziehungspunkte. Fußgängerzonen erschließen die schachbrettartig angelegten Städte mit ihren Kopfsteinpflasterstraßen, die von Lorbeerbäumen und antiken Brunnen gesäumten Plazas in den Altstädten. Schon lange weiß man das Schöne mit dem Nützlichen zu vereinen: In Herrenhäusern wie Haciendas wurden komfortable Hotels eingerichtet. Restaurants, die die Vielfalt der mexikanischen Küche bieten, haben unter Arkaden ihre Türen geöffnet.

Die Kinder von Cortés und Cuauhtémoc

In Mexiko lebt das *Mestizaje*: Von den 110 Millionen Mexikanern sind die meisten sowohl Nachkommen von spanischen Eroberern als auch indianischen Eroberten. Die mehr als zwölf Millionen **Indianer** hingegen – die wiederum mehr als 60 verschiedenen Stämmen und Völkern angehören – stammen direkt von den Ureinwohnern ab. Sie wirken sanftmütig und zufrieden, doch ihre Lebensbedingungen sind äußerst rau. Am steigenden Wohlstand im Land partizipieren sie kaum. In den Dörfern der südlichen Bundesstaaten Chiapas und Oaxaca verkaufen die in ihre Stammestracht gekleideten Männer und Frauen Obst und Gemüse. Einige Pesos verdienen sie sich hinzu durch den Verkauf von Webarbeiten an Touristen.

Oben links: *Am Lover's Beach bei Cabo San Lucas werden Urlaubsträume wahr, reiche Auswahl an frischem Gemüse auf dem Indiomarkt in Miahualtan*
Unten links: *Die zerklüftete Riesenschlucht Barranca del Cobre*
Oben rechts: *Der nächtliche Paseo de la Reforma im Großstadtdschungel Mexiko-City*
Unten rechts: *Auch Pelikane genießen Badefreuden an den Stränden von Baja, Kolonialarchitektur in Oaxaca*

gelegenen Stadt Los Mochis und endet gut 14 Stunden später in 1500 m Höhe in Chihuahua. Eine Reise entlang der legendären Strecke, deren Bau Jahrzehnte in Anspruch nahm, zählt zweifellos zu den Höhepunkten einer jeden Mexikoreise, offenbart die wilde Schönheit dieser kaum besuchten Gegend. Selbst für Weitgereiste gehört die Fahrt vom Pazifik durch die Berge zu den landschaftlich herausragenden Erlebnissen.

In Mexiko, dem Land der drei Kulturen, kann man gleich in zwei Weltmeeren baden, an der Pazifikküste (im Westen) wie im Atlantik (im Osten). Vom hellsten Türkis bis zum dunkelsten Aquamarin schimmert das Wasser an der in die Karibik hineinragenden und von weißen, feinsandigen Stränden gesäumten Yucatán-Halbinsel. Und wer seine Ruhe haben will: Nur wenige Kilometer von der US-amerikanisch geprägten Urlaubshochburg Cancún entfernt locken einsame **Badeorte**, in denen man Fischerboote beim Auslaufen und Pelikane bei ihrem Gleitflug über das Meer beobachten kann.

Von den Kirchen der Chamula-Indianer, die mit Kiefernnadeln übersät sind und in denen Posh, der heilige Alkohol, getrunken wird, zu den Barockpalästen der Kolonialstädte, ausgestattet mit Gold und Silber, Marmor und Onyx, von den 20 m hohen Mayatempeln im Regenwald von Chiapas zu den klimatisierten Hochhaus-Hotels in Cancún sind es bloß wenige Autostunden Fahrtzeit, doch dazwischen liegen Welten. »Um nur die un-

Cañons und Strände

In der wegelosen **Sierra Madre Occidental** liegt das größte Cañonsystem der Welt und ein Zug, der *El Chepe*, führt hindurch. Die Fahrt beginnt in der am Pazifik

glaubliche Wirklichkeit von Mexiko zu beschreiben, bräuchte man viele Bücher«, bemerkte einst der kolumbianische Literatur-Nobelpreisträger Gabriel García Márquez. Viele Bücher – oder aber viele Besuche. ¡Viva México! Ein Land, das zu Reisen einlädt.

Der Reiseführer

Dieser Band stellt Mexiko in zehn Kapiteln vor. Beginnend mit der Kapitale Mexiko-Stadt beschreiben die Autoren Metropolen ebenso wie abgelegene Dörfer, Landschaften im Hochland wie Küstenregionen und die Wüstenstriche des Nordens. **Übersichtskarten** und **Stadtpläne** machen mit dem faszinierenden Land weiter vertraut. Die **Top Tipps** geben besondere Empfehlungen zu Sehenswürdigkeiten, Hotels und Restaurants, Stränden und Pyramiden. Den Besichtigungspunkten sind **Praktische Hinweise** mit Adressen von Tourismusbüros sowie

Oben links: *Türkisblaues Wasser eingebettet in sattgrüne tropische Vegetation – die spektakulären Wasserfälle des Agua Azul*
Unten links: *In Chomula im Bundesstaat Chiapas leben indianische Traditionen fort*
Oben rechts: *Neokoloniale Kirche in San José del Cabo*
Unten rechts: *Zeugnis großer Kultur: Kopf des Quetzalcóatl am gleichnamigen Palast in Teotihuacán, Oase der Ruhe in der Großstadt – Museo Frida Kahlo in Mexiko-Stadt*

Hotels und Restaurants angefügt. **Mexiko aktuell A bis Z** enthält nützliche Informationen zum Einkaufen, Essen und Trinken, zu Festivals und Events oder zu den Verkehrsmitteln. Hinzu kommt ein umfassender **Sprachführer**. Ein Kaleidoskop interessanter **Kurzessays** rundet den Reiseführer ab.

Geschichte, Kunst, Kultur im Überblick

Von Pyramiden, Tempeln, Kolonialstädten, Metropolen – von Maya, Azteken, Spaniern und Zapatisten

40 000–20 000 v. Chr. Während der letzten Eiszeit wandern Siedler von Asien nach Amerika, von Sibirien über die damalige Landbrücke (die heutige Beringsee) nach Alaska und weiter bis Zentral- und Südamerika.

ab ca. 3000 v. Chr. Die Jäger und Sammler errichten in mehreren Regionen Mesoamerikas Siedlungen und beginnen mit Agrarwirtschaft.

ca. 2000–1500 v. Chr. Die Olmeken, Ursprungskultur der mittelamerikanischen Völker, lassen sich an der Küste des Golfs von Mexiko (heutige Bundesstaaten Tabasco und Veracruz) nieder.

1000–500 v. Chr. Auf der heutigen Insel La Venta gründen die Olmeken ein Zeremonialzentrum. Sie errichten erste Pyramiden, begründen den Jaguarkult und hinterlassen über 2 m hohe Skulpturen aus Basalt: Monumentalköpfe und Altäre.

ab 800 v. Chr. Olmekengruppen wandern in das pazifische Tiefland des heutigen Guatemala, in das Hochland von Oaxaca und bis nach Westmexiko. In Monte Albán beginnen sie mit dem Bau eines gewaltigen Kultzentrums.

ab 300 v. Chr. Eine neue Siedlergruppe aus dem Süden gelangt nach Monte Albán und führt den Säulenbau ein.

250 v. Chr.–650 n. Chr. Im zentralen Hochland entsteht die Siedlung Teotihuacán mit einem großen Zeremonialzentrum. Sie erlebt ihre Blütezeit ab 200 n. Chr., im 7. Jh. wird der Ort aufgegeben, gleichzeitig entsteht die Totonaken-Kultur (El Tajín).

um 100 v. Chr. Die Epoche der La-Venta-Kultur erlischt. Die Gründe für ihren Untergang sind bisher nicht bekannt.

ab 100 v. Chr. Der Bau von Tula beginnt, ab dem 8. Jh.

Blüte unter der Herrschaft der Tolteken, um 1200 wird die Stätte verlassen.

1.–9. Jh. n. Chr. Monte Albán wird von den Zapoteken als Kultstätte errichtet und unterhalten.

2.–9. Jh. Klassische Epoche der Maya. Höhepunkt der Baukunst, gewaltige Fortschritte in der Astronomie und Mathematik. Stadtstaaten wie Tikal (Guatemala), Copán (Honduras) und Palenque (Mexiko) entstehen, werden aber im 9./10. Jh. von ihren Bewohnern verlassen.

12. Jh. Im Hochland von Oaxaca übernehmen Mixteken die Stätten der Zapoteken.

14. Jh. Méxica (Azteken) wandern aus dem Norden in das Hochland ein und lassen sich um 1325 auf einer Insel im Texcoco-See nieder, wo sie ihre Hauptstadt Tenochtitlán (heute: Mexiko-Stadt) erbauen. Sie unterwerfen die Völker des Hochlandes und erobern 1430 auch Monte Albán.

1440–69 Regierung des Aztekenherrschers Moctezuma I. (des ›Älteren‹).

1492 Christoph Kolumbus entdeckt Amerika, das er irrtümlich für Indien hält; die Bewohner werden daher Indios genannt.

1502–20 Regierung des Aztekenherrschers Moctezuma II.

21. April 1519 Hernán Cortés landet mit 450 spanischen Soldaten an der Ostküste Mexikos, in der Nähe

◁ *Der gutgläubige Aztekenherrscher Moctezuma II. bleibt mit seinem Widerstand gegen die Kolonialherren 1520 erfolglos*

Die Ketten der Abhängigkeit sollen zerreißen – Denkmal für Pater Hidalgo in Guadalajara

des heutigen Veracruz, und erobert mithilfe von verbündeten indianischen Stämmen 1521 Tenochtitlán, die Hauptstadt der Azteken.

ab 1521 Cortés und sein Gefolge erobern Mexiko, Guatemala, Honduras und El Salvador, zerstören die indianischen Städte und Zeremonialstätten und beginnen mit der Gründung spanischer Siedlungen. Ein spanisches Verwaltungssystem wird eingeführt, Priester und religiöse Orden beginnen mit der Missionierung.

1531 Mit der Erscheinung der dunkelhäutigen Jungfrau von Guadalupe vor dem Indianer Juan Diego nimmt der Marienkult in Mexiko seinen Anfang.

1535 Antonio de Mendoza wird erster Vizekönig von Neuspanien (bis 1550). In der Folgezeit sterben die Indianer millionenfach: Sie werden getötet oder erliegen den unmenschlichen Arbeitsbedingungen, die die Kolonialisten ihnen auferlegen. Der größte Teil der Urbevölkerung verendet an eingeschleppten Krankheiten wie Pocken und Masern – Epidemien, gegen die die Menschen in der Neuen Welt noch keine Abwehrkräfte entwickeln konnten. Für die Kolonialherren ist das Massensterben Hinweis darauf, dass Gott auf ihrer Seite steht, die Ungläubigen ihre gerechte Strafe erhalten.

16. Jh. Überall im Land werden Kirchen und Klöster errichtet, zunächst wehrhaft und mit kleinen Fenstern. Nach Entdeckung reicher Silbervorkommen, die die Spanier sofort ausbeuten, entstehen bald barocke Prachtstädte. Paläste wie Kirchen im üppigen spanisch-mexikanischen Churriguerastil demonstrieren den Reichtum.

18. Jh. Die Kirche duldet das Konkubinat spanischer Einwanderer mit indianischen Frauen, die Bevölkerung wächst auf 6 Mio., Mexikos Bewohner werden zum Volk der Mestizen.

1803 Der deutsche Entdecker Alexander von Humboldt unternimmt eine Forschungsreise durch Mexiko.

15. September 1810 Mestizen und Kreolen (›reine‹, in

Blutig verläuft die Eroberung des Landes durch die Spanier. Und die Vorstellung, Indios seien ›nackte Wilde‹, hält sich noch lange ... (Stich von 1595)

Benito Juárez, erster Präsident indianischer Abstammung, begründet eine freiheitlichere Verfassung

Mexiko geborene Nachkommen eingewanderter Spanier) erheben sich unter Führung des Priesters Miguel Hidalgo y Costilla gegen die spanische Herrschaft und fordern ein unabhängiges Mexiko. In dem folgenden elfjährigen Krieg verlieren 750 000 Menschen ihr Leben.

1821 Mexiko wird unabhängig. Die katholische Kirche besitzt weiterhin die Hälfte der landwirtschaftlichen Nutzfläche, die indianische Bevölkerung bleibt arm und rechtlos.

1845–47 Große Landesteile im Norden Mexikos müssen nach einem Krieg an die USA abgetreten werden.

1858 Benito Juárez, ein indianischer Rechtsanwalt, wird Präsident und führt weitreichende Reformen durch: Trennung von Staat und Kirche, Enteignung der Kirche, Religionsfreiheit, Landreform.

1862 Als Benito Juárez 1861 die Rückzahlung der mexikanischen Auslandsschulden einstellt, greift Frankreich ein und setzt den österreichischen Erzherzog Maximilian von Habsburg als Kaiser von Mexiko ein.

1867 Maximilian wird gestürzt und hingerichtet, Benito Juárez übernimmt erneut die Präsidentschaft. Aus der Monarchie wird wieder eine Republik.

1876–1910 Porfiriato – Präsident Porfirio Díaz fördert die Industrialisierung, holt ausländisches Kapital ins Land, entwickelt den Bergbau, schafft eine effektive Infrastruktur und lässt eine Reihe pompöser Bauten errichten. Der General erweist sich als Diktator und sein Wirtschaftsliberalismus fördert nicht nur den Großgrundbesitz, sondern auch die soziale Ungleichheit.

1910 Bei der Präsidentschaftswahl lässt Porfirio Díaz seinen Gegenkandidaten Francisco Madero verhaften und die Ergebnisse fälschen.

20. November 1910 Der geflohene Madero ruft zur Revolution auf. Er erhält Unterstützung von Francisco ›Pancho‹ Villa und Emiliano Zapata und wird im Jahr darauf Präsident von Mexiko.

1911–17 Bürgerkrieg – Emiliano Zapata fordert mit dem Kampfruf ›Tierra y libertad‹ die Rückgabe des kleinbäuerlichen Genossenschaftslandes sowie die Enteignung der Großgrundbesitzer und Revolutionsgegner. Sein Bauernheer verbündet sich mit Pancho Villas Division del Norte gegen Präsident Venustiano Carranza und die Truppen von Alvaro Obregón. 1,5 Mio. Mexikaner kommen im Bürgerkrieg ums Leben.

1929 Präsident Elías Calles gründet die ›Partido Nacional Revolucionario‹, die sich 1946 in ›Partido Revolucionario Institucional‹ (PRI, Partei der institutionalisierten Revolution) umbenennt und bis 2000 das Land regiert. Die Amtszeit des Präsidenten beträgt sechs Jahre, Wiederwahl ist nicht möglich.

1934–39 Während der Präsidentschaft von Lázaro Cárdenas erfolgen eine Landreform und die Gründung von Gewerkschaften; Erdöl wird verstärkt gefördert und 1938 werden die ausländischen Ölkonzerne verstaatlicht.

1945 Mexiko liegt mit Japan und Deutschland im Krieg (seit 1942), greift militärisch im Pazifik ein und gewährt bis zum Ende des Zweiten Weltkrieges vielen Flüchtlingen aus Europa Asyl.

1957 Der Maler Diego Rivera, ein Hauptvertreter der Kunstrichtung des Muralismo und Mexikos wohl bedeutendster Künstler der Moderne (u. a. Fresken am

◁ *Nach dem verheerenden Erdbeben von 1985 campieren Obdachlose auf dem Platz der Drei Kulturen in Mexiko-Stadt*

Nach dem Marsch von Chiapas nach Mexiko-Stadt nehmen im März 2001 Tausende an der Abschlusskundgebung der Zapatisten auf dem Zócalo teil

Nationalpalast in Mexiko-Stadt), stirbt 70-jährig.

1968 Die 19. Olympischen Sommerspiele finden in Mexiko statt. Demonstrationen gegen die damit verbundene Geldverschwendung werden vom Militär blutig unterdrückt.

1976 Während der Präsidentschaft von José López Portillo werden neue Erdölvorkommen entdeckt, Mexiko wähnt sich auf dem Wege zum Reichtum, die Aus-

Subcomandante Marcos mit Häuptlingsstab und rauchender Pfeife: Symbole im Kampf um indianische Autonomierechte (2001)

landsschulden aber steigen auf 70 Milliarden Dollar.

1981 Ölkrise – der Verfall der Ölpreise stürzt das Land in ein wirtschaftliches Chaos. Die steigenden und nicht bezahlten Auslandsschulden bestimmen die Politik des Jahrzehnts.

19. September 1985 Ein starkes Erdbeben in Mexiko-Stadt kostet mindestens 15 000 Menschen das Leben.

1992 Offiziell feiert man die 500-jährige Wiederkehr der Entdeckung Amerikas; indianische Proteste begleiten die Feierlichkeiten.

1994 Das Freihandelsabkommen mit Kanada und den USA (NAFTA) tritt in Kraft. – Am 1. Januar ereignet sich im Bundesstaat Chiapas unter der Führung von Subcomandante Marcos ein bewaffneter Aufstand von Indianern, die Sozial- und Landreformen fordern. Nach der Niederschlagung durch die Armee kommt es zur Bildung der Zapatistischen Befreiungsarmee EZLN (Ejercito Zapatista de Liberación Nacional).

1997 Die PRI verliert bei den Bundeskongresswahlen die absolute Mehrheit

im Abgeordnetenhaus und bei erstmaliger Direktwahl das Bürgermeisteramt in Mexiko-Stadt. Herausbildung eines Mehrparteiensystems.

2000 Nach 71 Jahren PRI-Regierung tritt am 1. Dezember der neue Präsident Vicente Fox Quesada von der rechtsliberalen PAN (Partido de Acción Nacional) sein Amt an.

2002 Unter Präsident Fox erlebt Mexiko ein enormes Wirtschaftswachstum. – Heiligsprechung des ersten Indios in der Kirchengeschichte, Juán Diego Cuauhtlacoatin.

2005 Aufnahme der Inseln und Schutzgebiete im Golf von Kalifornien in die UNESCO-Welterbeliste.

2006 Felipe Calderón (PAN) gewinnt die Präsidentschaftswahlen.

2009 Drogenkrieg in Mexiko. In den ersten zwei Monaten des Jahres gibt es bereits über 1000 Tote. – Ausbruch der Schweinegrippe in Mexiko im April mit etwa 100 Toten. Vorübergehende Schließung von Schulen und Kindergärten sowie Museen, Büchereien und Theatern in Mexiko-Stadt.

Unterwegs

Spektakulär thront die
Tempelanlage von Tulum
direkt über der Steilküste

Mexiko-Stadt – Gigant am Bergesrand

Bereits beim Landeanflug erhält man einen Eindruck von der gewaltigen Ausdehnung der Stadt. Über 22 Mio. Menschen – ein Fünftel der mexikanischen Bevölkerung – leben in diesem Meer aus Stein und die Tendenz ist weiterhin steigend. Nirgendwo sonst gibt es mehr Museen, Theater und Kulturinstitute, präkolumbische Relikte sowie koloniale Prachtbauten, warten bessere Einkaufsmöglichkeiten und locken feinere Restaurants. Zu Füßen von Bergen und schneebedeckten Vulkanen schlägt das wirtschaftliche, politische und kulturelle Herz Mexikos.

1 Mexiko-Stadt

Plan Seite 20/21

Am Fuße der Vulkane: Aus der Aztekensiedlung erwuchs eine der größten Städte der Erde.

Die mexikanische Hauptstadt liegt auf über 2200 m Höhe in dem von gewaltigen Bergzügen umgebenen Hochtal Anáhuc. Im Hintergrund sieht man die imposanten Gipfel der auf über 5000 m ansteigenden Vulkane Popocatépetl und Ixtaccíhuatl. Die moderne Metropole bietet eine spannende Mischung aus Großstadtflair, Kulturgenuss und Geschichte. Sie ist reich an bedeutenden Zeugnissen ihrer fast 700-jährigen Vergangenheit.

Geschichte Um 1325 lassen sich **Azteken** (die sich selbst Méxica nennen) auf einer kleinen Insel im sumpfigen Texcoco-See nieder. Vorausgegangen war eine Weissagung ihrer Götter, die lautete: Gründet dort Eure Siedlung, wo Ihr einen Adler seht, der auf einem Kaktus sitzt und eine Schlange verspeist. Diese bildhafte Vorstellung wurde später zum Staatswappen. **Tenochtitlán**, nämlich ›Ort des Kaktus auf dem Stein‹, nennen sie ihre Siedlung. Bereits ein Jahrhundert später ist sie zur größten Stadt der Neuen Welt angewachsen, leben mehrere Hunderttausend Azteken in den von Kanälen durchzogenen Stadtvierteln. Ihr kulturelles und religiöses Zentrum ist der **Templo Mayor** [s. S. 21], eine Zeremonialanlage mit einer Doppelpyramide des Sonnen- und Kriegsgottes.

Im Spätherbst 1519 erreicht der mit zehn Schiffen an der Golfküste Mexikos gelandete **Hernán Cortés** Tenochtitlán. Und dort geschieht das zunächst kaum Fassbare, der Konquistador wird von **Moctezuma II.** mit allen Ehren empfangen. Möglicherweise glaubte der Aztekenherrscher, Cortés sei der weißhäutige und bärtige Gott Quetzalcóatl; nach einem alten Mythos sollte dieser, vor Jahrhunderten nach Yucatán gezogen, eines Tages über das Meer zurückkehren [s. S. 114]. Später berichtet Cortés an Kaiser Karl V.:»Diese Stadt ist so groß und schön, dass ich über sie kaum die Hälfte sagen werde, was ich sagen könnte, und selbst dieses Wenige ist fast unglaublich, ist sie doch schöner als Granada.«

Cortés nimmt Moctezuma gefangen, und bei den folgenden Auseinandersetzungen wird der Aztekenherrscher getötet. Der Eroberer zieht sich nach Tlaxcala ins Hochland zurück. Zusammen mit weiteren spanischen Truppen kehrt Cortés im Dezember 1520 nach Tenochtitlán zurück. Mittlerweile hat Cuauhtémoc (1520–25) die Nachfolge Moctezumas angetreten. Die letzte Schlacht wird am 13. August 1521 geschlagen, Cortés lässt Cuauhtémoc gefangen nehmen und später hinrichten. Tenochtitlán wird in Brand gesetzt. Auf seinen Ruinen entsteht **La Ciudad de México** als neues politisches Zentrum und Regierungssitz des spanischen Vizekönigs.

Rund um den Zócalo

Ein Fußmarsch durch die Straßen ist zwar meist kein Zuckerschlecken in der smog-

Bollwerk des Christentums – Kathedrale von Mexiko-Stadt und Sagrario Metropolitano

geplagten Kapitale, doch Entdeckungen warten an jeder Straßenecke – seien es koloniale Bauten, intensiv begrünte Patios oder einladende Cafés.

Der Besuch des **Hotels Majestic** ❶ (Avenida Madero 73, www.majestic.com.mx) an der Westseite des Zócalo ist ein Muss [s. S. 31], weniger wegen seiner *Jugendstil-Ausstattung* als seiner hervorragenden *Lage*. Von der Aussichtsterrasse auf dem Dach genießt man einen Logenblick auf das Herz der Riesenstadt, den von Kolonialpalästen gerahmten **Zócalo**, einen der größten Plätze der Welt. Am besten eignet sich dazu die Stunde des Sonnenuntergangs, wenn langsam die Lichter angehen. Dies ist auch die Zeit der Soldaten, die in einer feierlichen Zeremonie um 17 Uhr die Fahne der Estados Unidos de México vom Mast holen und in den Palacio Nacional, den Regierungssitz des Präsidenten, tragen. Der riesige, mit grauen Betonplatten belegte Platz – einst die koloniale Plaza Mayor – trägt heute den Namen ›Plaza de la Constitución‹, ›Platz der Verfassung‹.

Mit Steinen des zerstörten Templo Mayor ließen die Spanier bereits 1525 an der Nordseite eine Kirche errichten. Da diese dem spanischen König Philipp II. zu klein ausfiel und außerdem das Portal

TOP TIPP

gen Westen zeigte, ordnete er einen Neubau an: Die **Catedral** ❷ (tgl. 7.30–19.30 Uhr), die wohl größte Kirche des amerikanischen Kontinents – Zeichen des Sieges, Bollwerk des christlichen Glaubens – entstand. Bevor es allerdings an die Errichtung der Catedral ging, musste das Fundament geschaffen werden. Ein langwieriges Unterfangen, das sich angesichts des sumpfigen Untergrunds vier Jahrzehnte hinzog. Weitere 250 Jahre (1573–1813) vergingen bis zur Fertigstellung des Hauptschiffs und der beiden Seitenschiffe sowie der 14 Seitenkapellen. Die aus Basalt und Sandstein geschaffene, breit angelegte *Fassade* entspricht dem barocken Stilgefühl des ausgehenden 17. Jh., während die Glockentürme – 67 m hoch und mit 18 Glocken, erst 100 Jahre später fertig gestellt – im klassizistischen Stil errichtet wurden. Da die Kathedrale seit Jahren in den sumpfigen Untergrund sinkt, sind immer wieder bauliche Stützmaßnahmen erforderlich.

Im **Inneren** beeindruckt der Reichtum des riesigen, breit angelegten, dreischiffigen Raumes: Besonders kostbar ist das kunstvoll geschnitzte *Chorgestühl* von Juan de Roja (um 1700). Herausragend ist aber der prunkvoll vergoldete, hölzerne *Altar de los Reyes* (Altar der Könige), 1728–

Mexiko-Stadt

0   500 m

Map of Mexico City with labeled streets and landmarks including:

STA. MARIA · SAN RAFAEL · MÉXICO NUEVO · POLANCO · ANZURES · CUAUHTÉMOC · Museo Tamayo Arte Contemporaneo · Monumento a la Independencia · ZONA ROSA · Museo Nacional de Antropología · Museo de Arte Moderno · Castillo de Chapultepec · Bosque de Chapultepec · ROMA · HIPODROMO · CONDESA · Coyoacán, San Ángel, Universität · Paseo de la Reforma · Avenida Chapultepec

37 von Jerónimo de Balbas im Churrigue-rastil geschaffen. Dieser barocke Bau- und Dekorationsstil breitete sich Mitte des 18. Jh. in Mexiko aus und geht auf den spanischen Architekten José Benito Churriguera (1665–1725) zurück, der die üppigen barocken Elemente durch überreiche Dekoration steigerte.

Denselben ausladenden ›ultrabaro-cken‹ Stil zeigt auch die Fassade des 1749–68 errichteten **Sagrario Metropolitano**, des erzbischöflichen Sakramentshauses rechts neben der Catedral, das ursprünglich als Sakristei der Kathedrale sowie als Archiv und Aufbewahrungsort für die Gewänder des Bischofs diente.

 Die gesamte Ostseite des Zócalo dominiert der **Palacio Nacional** ❸ (tgl. 9–17 Uhr, Ausweiskontrolle), seit Jahrhunderten Tagungsort der Regierung. Das dreistöckige Gebäude mit zahlreichen Sälen und insgesamt 14 Innenhöfen ist heute Sitz des Präsidenten, des Senats und des Abgeordnetenhauses. Es wurde ursprünglich von Cortés auf den Ruinen eines Palastes von Moctezuma errichtet und diente ab 1562 den spanischen Vizekönigen. Berühmt ist der Palacio Nacional wegen seiner **Wandmalereien**: 1929–35 und 1945–51 schuf der große Muralist *Diego Rivera* an den Wänden des Treppenaufganges und der Galerie im 1. Stock seine gewaltigen Wandbilder. Das Treppenbild ›*México a Través de los Siglos*‹ (Mexiko im Laufe der Jahrhunderte) dokumentiert in acht fortlaufenden Szenen die Geschichte des Landes. Vom gütigen Gott Quetzalcóatl

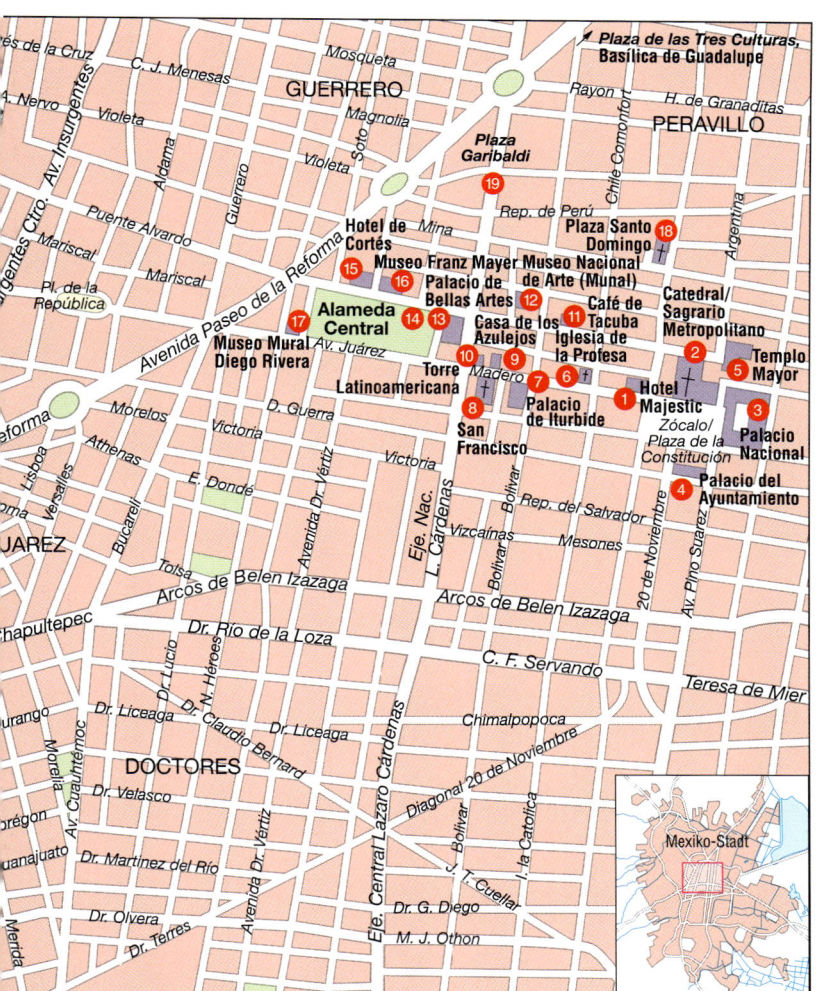

bis hin zu den Helden der Revolution sind alle abgebildet, die die Geschicke Mexikos bestimmt haben.

Der **Palacio del Ayuntamiento** ❹, das Rathaus (1720–24), steht an der Stelle, an der sich einst die Casas Consistoriales erhoben: sechs Geschäfts- und Regierungshäuser, die von Cortés an der Südseite des Platzes erbaut wurden. Arbeiter stießen 1978 auf einen Fund aus der Aztekenstadt Tenochtitlán, einen 10 t schweren, behauenen runden Stein mit einem Durchmesser von über 3 m, darauf in kunstvollem Relief eine weibliche Figur mit abgetrennten, seltsam verdrehten Gliedmaßen: die aztekische Mondgöttin *Coyolxauhqui*.

Bereits zehn Jahre vorher waren bei Arbeiten an der Metro die Grundmauern des **Templo Mayor** ❺ entdeckt worden.

Der neuerliche Fund gab Anlass zu weiteren Grabungsarbeiten, gar zum Abriss benachbarter Wohnhäuser. Die Ruinen des ehem. *Zeremonialzentrums der Azteken*, heute wegen des sumpfigen Untergrundes mehrere Meter unter das Niveau des Zócalo abgesunken, lassen sich bei einem Rundgang besichtigen. Die Tempelpyramide beherrschte den sakralen Bereich. Auf ihrer Spitze standen zwei Tempel, die den Hauptgottheiten der Azteken geweiht waren: dem Kriegsgott Huitzlipochtli und dem Regengott Tlaloc. Für die Ausgrabungsstücke schuf man zwischen den Straßen Argentina und Primo Verdad ein eigenes Museum, das **Museo del Templo Mayor** (Seminario 8, Tel. (01) 55/55 42 49 43, www.templomayor.inah. gob.mx, Di–So 9–17 Uhr). Ausgestellt sind

Stilvoll speisen – die Casa de los Azulejos beherbergt heute ein beliebtes Restaurant

Fundstücke wie der bereits erwähnte Stein der Coyolxauhqui, ein Adler mit einer Vertiefung auf der Rückseite, zwei Adlerkrieger in Lebensgröße sowie eine Schädelwand (*Tzompantli*). Außerdem zeigt ein Modell anschaulich, wie der Templo Mayor und Tenochtitlán einst ausgesehen haben könnten.

Zwischen Zócalo und Alameda-Park

Entlang der Prachtstraße Avenida Francisco Madero, kurz **Madero** genannt, geht es vom Zócalo zum Alameda-Park, der etwa 2 km weiter westlich liegt. Passiert werden viele Geschäfte und Boutiquen ebenso wie Paläste und Kirchen. Zunächst sollte man an der Ecke der Avenida Republica de Chile einen Blick auf die Jesuitenkirche **Iglesia de la Profesa** ❻, die Gelöbniskirche (1720), mit dem prächtig gestalteten barocken Eingangsportal, werfen. Der Holzaltar in der Kirche stammt von Manuel Tolsá.

Es folgt der **Palacio de Iturbide** ❼ (Madero 17, Mo–Sa 9–18 Uhr), ein Herrenhaus von 1780 mit prächtiger Fassade, das seine italienischen Besitzer 1822 dem mexikanischen Kaiser überließen. Bei seiner Proklamation zum Kaiser jubelte der ›Befreier Mexikos‹ dem Volk vom Balkon im 1. Stock aus zu, eine Szene, die auch in zahlreichen zeitgenössischen Bildern festgehalten wurde. Fenster und Türen sind gerahmt von Steinornamenten, schmiedeeiserne Balkone schmücken jede Etage. Heute ist der Palast im Besitz der Nationalbank, die ihn in *Palacio de Cultura*

Banamex umbenannt hat und für Wechselausstellungen nutzt.

Gleich danach kommt man zur Kirche **San Francisco** ❽ (Madero 7), dem ehem. Zentrum der Franziskaner in Mexiko. Das Kloster wurde im 19. Jh. zerstört, das aufwendig gearbeitete churriggereske Por-

tal jedoch vermittelt einen Eindruck einstiger Prachtentfaltung.

Schließlich gelangt man zur **Casa de los Azulejos** ❾ in der Madero Nr. 4. Das palastartige Gebäude, 1596 für die Grafen von Orizaba im maurischen Mudéjar-Stil erbaut, zieren Talavera-Kacheln aus Puebla [s. S. 40]. Einst brachten die Spanier diese, nach dem zentralspanischen Keramikort Talavera de la Reina benannten Kacheln nach Mexiko. Das Treppenhaus wurde 1925 von *José Clemente Orozco* mit herrlichen Fresken versehen. Bereits seit 1903 sorgt die mexikanische Kaufhauskette Sanborns (www.sanborns.com.mx) für gute Bewirtung, u. a. mit traditionellen Hochland-Gerichten. Und schon Emiliano Zapata und Pancho Villa trafen sich hier im Dezember 1913 zum Frühstück.

Nur wenige Schritte sind es zum **Torre Latinoamericana** ❿ (Madero 1/Lázaro Cárdenas, Tel. (01) 55/55 18 74 23, www.torrelatino.com, tgl. 9–22 Uhr). Vom 42. Stockwerk des 1958 erbauten, 182 m hohen Lateinamerikaturms überblickt man zwar nicht den Kontinent, wohl aber große Teile der Stadt. Meist ist die Sicht durch die hohe Luftverschmutzung behindert, dann kann man in einem Panorama-Restaurant auf besseres Wetter warten.

Eine kulinarische Institution ist das nahe gelegene **Café de Tacuba** ⓫ (Tacuba 28, Tel. (01) 55/55 18 49 50, www.cafedetacuba.com.mx), ein Belle-Epoque-Café von 1912, das die Besucher mit gekachelten Wänden und Ölgemälden empfängt. Anschließend kann man im **Museo Nacional de Arte (Munal)** ⓬ (Tacuba 8, Tel. (01) 55/51 30 34 00, www.munal.com.mx, Di–So 10.30–17.30 Uhr) mexikanische Kunst vom 16. bis 20. Jh. besichtigen. Die mit über 1000 Exponaten sehr umfangreiche Sammlung gibt einen guten historischen Überblick, alle bedeutenden mexikanischen Künstler sind hier vertreten. Zu den Höhepunkten zählen einige frühe Gemälde von Diego Rivera und Stadtfotografien von Henri Cartier-Bresson. Die Plaza vor dem Museum wird von der Bronzestatue *El Caballito* (1803) von Manuel Tolsá geschmückt. Das Reiterstandbild zeigt König Karl IV. von Spanien.

Noch mehr Kunstgenuss verspricht der Besuch des **Palacio de Bellas Artes** ⓭ (Eje Central/Avenida Juárez, Tel. (01) 55/55 12 25 93, www.bellasartes.gob.mx, tgl.

Feierliche Zeremonie am Zócalo – die mexikanische Flagge wird vom Mast geholt und in den Palacio Nacional getragen

Muralismo – die Kunst der Wandmalerei

Man sieht sie überall in Mexiko, meist in öffentlichen Gebäuden: **Murales** (Mural = Wand, Mauer), die in expressiver, figürlicher, für europäische Augen sehr pathetischer Weise Szenen der Geschichte darstellen und soziale Probleme anprangern. Anfang des 20. Jh. entstanden die ersten dieser riesigen Wandbilder im Zusammenhang mit einer künstlerischen und politisch marxistisch orientierten Bewegung, die an die Ursprünge der mexikanischen Kultur ebenso wie an den Sieg der Revolution erinnern wollte. Dabei wurde bewusst auf die alte Volkskunst und die indianische Kultur zurückgegriffen. Drei Muralisten gelangten zu Weltruhm: **Diego Rivera** (1886–1957), **José Clemente Orozco** (1883–1949) und **José David Alfaro Siqueiros** (1896–1974). Um ihre Interessen besser vertreten zu können, gründeten die Muralisten ihre eigene Gewerkschaft und ihre Zeitschrift ›El Machete‹ diente als Medium der Diskussion und Selbstdarstellung. Ihre Wandbilder wurden zur Staatskunst erhoben.

Wenig schmeichelhaft porträtierte Rivera den Eroberer Hernán Cortés (im roten Wams) im Nationalpalast

10–18 Uhr), eines Jugendstilbaus aus weißem Carraramarmor. Das Bauwerk wurde von dem italienischen Architekten Adamo Boari nach Vorgaben des Diktators Porfirio Díaz 1901 begonnen, jedoch erst 1934 fertiggestellt. Außerhalb der Theatervorstellungszeiten lohnt eine Besichtigung der Foyers, der Treppenhäuser und des großen Theatersaales. Als Bühnenvorhang fungiert ein vom New Yorker Juwelier Tiffany gefertigtes Glasmosaik: Eine Million winziger Glasteilchen bilden das mexikanische Hochtal und die Vulkane Popocatépetl und Ixtaccíhuatl ab, ein 22 t schweres Kunstwerk. Weitere Meisterstücke mexikanischer Maler wie Rufino Tamayo, José Clemente Orozco, Diego Rivera und David Alfaro Siqueiros kann man beim Besuch des *Museo del Palacio de Bellas Artes* (Tel. (01) 55/51 30 09 00, tgl. 10–18 Uhr) besichtigen, das außerdem Wechselausstellungen präsentiert. Ebenfalls im Palast befindet sich das *Museo Nacional de Arquitectura* (Tel. (01) 55/55 12 14 10, Di–So 10–18 Uhr), das die architektonische Entwicklung der Stadt anhand von Fotos, Modellen und Zeichnungen dokumentiert.

Nur wenige Schritte sind es zum Park **Alameda Central** ⑭ (Avenida Juárez). Die Anlage offenbart die Vorliebe der Mexikaner für Standbilder und Springbrunnen. An der Südseite steht ein besonders aufwendiges Denkmal für Benito Juárez (1910). Im Schatten akkurat geschnittener Lorbeerbäume ruhen Händchen haltende Liebespaare. Kinder beobachten die Vorstellungen der Gaukler und Akrobaten, Verkäufer offerieren Zuckerwatte, Eiscreme, gekochte Maiskolben, Tacos oder Quesadillas.

Eine gute Adresse für Individualreisende ist in Mexiko-Stadt das **Hotel de Cortés** ⑮ [s. S. 31] an der Nordseite des Parks. In dem ockerrot gekalkten kolonialen Bauwerk war einst das Hospiz San Nicolás de Tolentino untergebracht. Im lauschigen Patio, zwischen Arkaden und wuchernden Grünpflanzen, warten mit Blumen geschmückte und blauem Leinen gedeckte Tische auf Gäste. Ganz in der Nähe zeigt das **Museo Franz Mayer** ⑯ (Avenida Hidalgo 45, Tel. (01) 55/55 18 22 66, www.franzmayer.org.mx, Di–So 10–17 Uhr) feinstes mexikanisches Kunsthandwerk des 16.–19. Jh. Franz Mayer (1882–1975), ein deutscher Geschäftsmann, der 1913 nach Mexiko übersiedelte, sammelte kostbare Möbel, Gemälde, Silberschmuck und Skulpturen sowie Porzellan, Keramik und

Jugendstilglanz für glanzvolle Künste – der 1934 fertiggestellte Palacio de Bellas Artes

Stoff. 1975 vermachte er seine sehenswerte Sammlung Mexiko.

Westlich des Parks befindet sich das **Museo Mural Diego Rivera** ⑰ (Colón/ Balderas, Tel. (01) 55/55 21 53 18, www.museomuraldiegorivera.bellasartes.gob.mx, Di–So 9–18 Uhr), dessen Prunkstück das 16 x 4 m große Bild ›Sueño de una tarde dominical en la Alameda Central‹ (Traum eines Sonntagnachmittags im Alameda Central) ist. Rivera fertigte es 1947 für den Speisesaal des Hotels del Prado an. Das Museum wurde 1986 speziell zur Unterbringung dieses Bildes erbaut, nachdem das Hotel beim Erdbeben 1985 schwere Schäden erlitten hatte.

Nördlich des Zócalo trifft man auf die **Plaza Santo Domingo** ⑱, deren kolonialer Charakter vollkommen erhalten blieb. Großbürgerliche Häuser des 18. Jh. und die barocke Dominikanerkirche umrahmen den lebhaften Platz, unter dessen prächtigen Arkaden Männer mit Schreibmaschinen Sekretärsdienste anbieten.

Einmal muss man dort gewesen sein: Die **Plaza Garibaldi** ⑲ ist Mexikos bekannteste Freilichtbühne für *Mariachi-Musik*. Auf der Plaza und in den umliegenden Cantinas wetteifern die Musiker um Zuhörer, Pesos und Lautstärke. Schon nachmittags versammeln sich hier die Musikergruppen in ihren mit Silber beschlagenen schwarzen Anzügen und mit breiten, reich geschmückten Sombreros. Gespielt wird auf Bestellung, ein Lied kostet eine Hand voll Pesos, je nach Mannschaftsstärke der Musiker. Zu den Kunden zählen brave Bürger, Touristen und Verliebte, die sich mit ›Cielito Lindo‹ in das ›schöne Himmelchen‹ bringen lassen. Und falls es regnet: In der Bar *Tenampa* (Plaza Garibaldi 12, Tel. (01) 55/55 26 61 76, www.salontenampa.com) erklingt seit 1925 schmetternder Trompeten- und gefühlvoller Geigenklang.

Auf dem Paseo de la Reforma zum Bosque de Chapultepec

Kaiser Maximilian liebte den Prunk. 1865 träumte er von einem breiten Prachtboulevard zwischen Alameda- und Chapultepec-Park, baumbestanden und von großartigen Villen flankiert. Die Fertigstellung des Paseo erlebte er nicht mehr: Nach einer Bauzeit von zehn Jahren weihte Porfirio Díaz 1877 die damals 7 km (heute

Heute säumen auch moderne Hochhäuser den breit angelegten Paseo de la Reforma

Anschauliche Vergangenheit – Serpentinmaske im Museo Nacional de Antropología

17 km) lange Straße ein. Ihren Namen erhielt sie im Gedenken an die Reformen von Benito Juárez. Statt Droschken bevölkern heute Autos die teilweise zehnspurige Straße, die zu einer Hauptverkehrsader der Stadt wurde. Die Kreuzungen mit Querstraßen bilden gewaltige Verkehrskreisel, *Glorietas,* in deren Mitte Monumentalskulpturen in den Himmel ragen. So steht zwischen den Straßen Florencia und Río Tiber in der *Zona Rosa*, dem teuersten Viertel der Stadt, das **Monumento a la Independencia** ➍ (1910) des Architekten Antonio Rivas Mercado. Mit seiner goldenen Siegesgöttin auf der Spitze wird es auch ›El Angel‹ genannt und gilt als ein Wahrzeichen der Stadt.

Der Paseo de la Reforma mündet in den **Bosque de Chapultepec** (›Heuschreckenhügel‹), den größten Park der Stadt und Standort vieler Museen. Zunächst gelangt man zum **Museo de Arte Moderno** ➍ (Paseo de la Reforma/Gandhi, Tel. (01) 55/55 53 62 33, www.bellasar tes.gob.mx, Di–So 10–17.30 Uhr), dessen lichter Glasbau eine bedeutende Sammlung mexikanischer Gegenwartskunst birgt. Gleich dahinter auf der rechten Seite bietet das **Museo Tamayo Arte Contemporaneo** ➍ (Paseo de la Reforma/ Gandhi, Tel. (01) 55/52 86 65 19, www.mu seotamayo.org, Di–So 10–18 Uhr) hervorragende zeitgenössische internationale Kunst. Rufino Tamayo (1899–1991), dessen Sammlung ebenfalls im Museum gezeigt wird, gilt als Mitbegründer der modernen mexikanischen Malerei.

Direkt am Paseo de la Reforma liegt **TOP TIPP** das **Museo Nacional de Antropología** ➍ (Tel. (01) 55/55 53 63 81, www. mna.inah.gob.mx, Di–So 9–19 Uhr), das schönste und wichtigste Museum der Stadt. Der aztekische Regengott *Tlaloc* empfängt die Besucher am Eingang in Gestalt einer 160 t schweren und 7,5 m hohen Basaltfigur. Um einen gewaltigen Innenhof gruppieren sich die Ausstellungshallen. Während die Säle im Erdgeschoss die archäologischen Funde zeigen, ist das Obergeschoss den heute noch lebenden indianischen Kulturen gewidmet. Nach Einführungen in die Menschheitsgeschichte und die Besiedlung des amerikanischen Kontinents werden mit *Ausgrabungsfunden* (den bedeutendsten des Landes) und exzellenten *Modellen* die Hochkulturen der Tolteken, Azteken, Mixteken, Zapoteken bis hin zu den Maya vorgestellt. So findet man eine *Kriegersäule* (Atlant), eine *Chac-*

Modell und Plan der alten Aztekenhauptstadt Tenochtitlán im Museo Nacional de Antropología

Mool-Figur aus Tula [s. S. 35 f.], eine *Jaguarskulptur* der México sowie eine *Statue von Coatlicue*, der Mutter aller Götter. Kunstvolle *Keramikarbeiten* der Zapoteken aus Oaxaca und der indianischen Kulturen am Golf von Mexiko belegen den hohen Standard der präkolumbischen Kunsthandwerker. Das bekannteste Exponat ist der aztekische *Stein der Fünften Sonne*. Die meisten aztekischen Ritualrequisiten wurden von den Spaniern zerstört. Dieser Opferstein, der aus dem Jahr 1479 stammt und wegen seiner Reliefs auch als Kalenderstein bezeichnet wird, wurde aber auf Geheiß des Erzbischofs Alonso de Montufar nahe dem Templo Mayor vergraben und 1790 bei Arbeiten am Zócalo wieder entdeckt. Der tonnenschwere Stein aus Olivinbasalt mit seinen ornamentalen Symbolen zeigt die Sonne als Mittelpunkt des Universums.

Auf dem ›Heuschreckenhügel‹, auf der anderen Seite des heutigen Parks und des Paseo, genossen schon die Aztekenherrscher in einer Sommerresidenz die Aussicht auf ihre Stadt. 1785 errichteten hier die spanischen Vizekönige das **Castillo de Chapultepec** 24, das später zur Residenz erweitert wurde. Der strenge Bau beherbergt das **Museo Nacional de Historia** (Tel. (01) 55/50 61 92 14, www.mnh. inah.gob.mx, Di–So 9–17 Uhr), das die Geschichte Mexikos von der Eroberung bis zur Unabhängigkeit thematisiert. Interessant sind auch die Säle schmückenden Fresken von *Juan O'Gorman* und *José David Alfaro Siqueiros*.

Plaza de las Tres Culturas

An der Plaza de las Tres Culturas, dem Platz der drei Kulturen nördlich des alten Stadtzentrums, symbolisieren drei Bauwerke die prägenden Epochen der Geschichte Mexikos: die Überreste einer präkolumbischen Tempelanlage (1337), die Kolonialkirche Santiago de Tlatelolco (1609) und ein modernes Regierungshochhaus (Außenministerium). Bis zur Mitte des 15. Jh. war der Ort Mittelpunkt von **Tlatelolco**, einer mit Tenochtitlán verfeindeten und später von den Azteken eingenommenen Stadt. Über den heute freigelegten Fundamenten der Pyramiden verlaufen Fußwege (tgl. 9–17 Uhr). Eine Gedenktafel erinnert an den 13. August 1521, als Kaiser Cuauhtémoc

Überall liebevoll verehrt: la Morena, la Indita – die Braune, die kleine Indianerin

Die Jungfrau von Guadalupe

Die Legende will es folgendermaßen: Am 9. Dezember des Jahres 1531 begegnete dem frisch getauften Indianer **Juan Diego** am Hügel Tepeyac die Gestalt eines braunhäutigen Mädchens, das ihn in Náhuatl, der Sprache der Azteken, aufforderte: »Dieguito, bitte geh' zum Bischof und sage ihm, er solle für mich, die Jungfrau Maria, ein Heiligtum errichten!« Doch der Bischof Juan de Zumarraga glaubte zunächst den Reden des Einheimischen nicht. Erst als die Jungfrau am Morgen des 12. Dezember Rosen auf dem Hügel erblühen ließ und Juan Diego diese zum Bischof brachte, wurde ihm Gehör geschenkt. Zudem erschien auf dem Umhang des Indianers, in dem dieser die Blumen getragen hatte, auf wundersame Weise das Bildnis der dunkelhäutigen Jungfrau. Zwei Wochen später fand die erste Prozession zur neu errichteten Kapelle statt, an der auch Hernán Cortés teilnahm. Und seit jenen Tagen reißt der Pilgerstrom zur Jungfrau von Guadalupe nicht mehr ab.

hier seine letzte Schlacht gegen die Spanier verlor und die Besiedlung der Neuen Welt durch die Spanier begann.

Basílica de Guadalupe

Nordwestlich des Zentrums befinden sich zwischen der Avenida Guadalupe und Juan Fray de Zumarraga die alte und die neue Basílica de Guadalupe. Das spanische Bauwerk, 1531 begonnen und 1695 erweitert, diente ursprünglich dazu, den heiligen Umhang des Juan Diego aufzubewahren. Dieser wurde jedoch nach Beschädigungen der Kirche durch Erdbeben in die neue **Basílica de Guadalupe** (www.virgendeguadalupe.org.mx) gebracht. In dieser gewaltigen Kirche mit Platz für 12 000 Gläubige, die 1976 von Pedro Ramírez Vázquez geschaffen wurde, führen heute Laufbänder an dem durch Panzerglas geschützten Umhang mit dem Bildnis der Jungfrau von Guadalupe (siehe links) vorbei. Vor der neuen Basilika öffnet sich ein riesiger Platz, auf dem täglich Tänze zu Ehren der Schutzpatronin Mexikos aufgeführt werden. Treppen führen zu einer auf einem Hügel ruhenden Kapelle und werden von Büßern auf Knien erklommen. Am 12. Dezember ist die gesamte Anlage Ziel von Wallfahrern aus Mexiko und Zentralamerika.

Von Coyoacán nach San Ángel

Für die Hauptstadtbewohner ist der südliche Stadtteil **Coyoacán** ein großes Dorf geblieben. Inmitten der kleinen von Palmen und Lorbeerbäumen beschatteten Plazas mit ihren Cafés nehmen sie stundenweise Urlaub von der lärmigen Metropole. Der Name leitet sich ab von der Nahua-Bezeichnung Coyohuacán, ›Ort der Koyoten‹. Bereits zu Zeiten der Azteken war die von Tolteken im 9. Jh. gegründete Siedlung der Metropole Tenochtitlán einverleibt worden. Die Spanier schließlich errichteten hier ihre Residenzen und machten den Ort zum Ausgangspunkt ihrer weiteren Besiedlung. Noch heute gehört Coyoacán zu den bevorzugten Wohnlagen der Stadt. Galerien, Antiquariate und gute Restaurants haben ihre Stammkunden. Zentrum ist die **Plaza Hidalgo** mit ihren hübschen Cafés. Der Kolonialkirche *San Juan Bautista* (16. Jh.) benachbart ist der *Palacio de Cortés*, die alte Residenz des Eroberers. Von der Straße Felipe Carillo Puerto durchschnitten wird der kleine *Jardín Centenario*, eine weitere grüne Lunge des Viertels.

In Coyoacán liegen zudem zwei außergewöhnliche Museen. Zum Einen steht hier die berühmte *Casa Azul*, ein blau gekalktes Haus, in dem *Frida Kahlo* und *Diego Rivera* zusammenlebten. Heute beherbergt es das **Museo Frida Kahlo** (Calle Londres 247/Calle Allende, Tel. (01) 55/55 54 59 99, www.museofridakahlo.org, Di–So 10–18 Uhr), eines der schönsten Museen des Landes. Es zeigt

Tanzvorführung auf dem riesigen Platz vor der alten und neuen Basílica de Guadalupe

Gemälde der Künstlerin und gibt Einblick in die Privatatmosphäre des ungewöhnlichen Paares. Frida Kahlo war eine Liebhaberin mexikanischer Volkskunst. In der Küche arrangierte sie handgetöpferte Gebrauchsgegenstände, dazu gesellen sich Kacheln in leuchtendem Gelb und Blau, auf dem Boden liegen Strohmatten, *Petates* genannt. Auch im Studio, dessen

›Judasfiguren‹ aus Pappmaché zeugen von Frida Kahlos Vorliebe für Skurriles

große Glasfenster auf den begrünten Innenhof hinausgehen, versammelte die Künstlerin mexikanische und präkolumbische Exponate.

Nur wenige Querstraßen weiter lebte *Leo Trotzki*, von den Mexikanern León genannt. Als er 1937 nach Mexiko kam, fand er zunächst im Hause von Frida Kahlo Asyl. Der verbannte russische Revolutionär lebte zusammen mit seiner Frau in einem kleinen, mit Stahltüren und Schießscharten bewehrten Haus. Alle Vorsichtsmaßnahmen konnten jedoch nicht verhindern, das er am 20. August 1940 in Stalins Auftrag an seinem Schreibtisch ermordet wurde. Heute dient das **Museo Casa de León Trotsky** (Avenida Río Churubusco 41, Tel. (01) 55/55 54 06 87, Di–So 10–17 Uhr) seinem Gedenken.

Im Westen geht der Stadtteil Coyoacán über in **San Ángel**, Trennungslinie ist die laute Avenida Insurgentes Sur. Bereits einige Querstraßen weiter verebbt der Verkehrslärm auf der hübschen **Plaza de San Jacinto**. Jeden Samstag werden hier Tische für den *Bazar del Sabado* aufgebaut, den Kunst- und Kunsthandwerksmarkt, auf dem man hübsche Figuren aus Pappmaché, indianische Stoffpuppen und Armbänder kaufen kann.

Rund 5 km außerhalb von Coyoacán in Richtung Süden kann man im **Museo Diego Rivera Anahuacalli** (Calle del Museo 150, San Pablo Tepetlapa, Coyoacán,

Tel. (01) 55/56 17 43 10, www.museoanahua calli.org, Di–So 10.30–17 Uhr) präkolumbische Kunst aus der Privatsammlung von *Diego Rivera* bewundern.

Ebenfalls im Süden der Stadt erstreckt sich das weitläufige Gelände der **Universidad Nacional Autónoma de México** (www.unam.com.mx) mit Vorzeigeobjekten moderner mexikanischer Architektur. So ziert die Fassaden der zehnstöckigen Bibliothek ein riesiges Steinmosaik von Juan O'Gorman zur Geschichte der Wissenschaft. Und das Verwaltungsgebäude *Torre de la Rectoria* schmücken Murales David Siqueiros. 2007 wurde der Universitätscampus zum UNESCO-Weltkulturerbe erklärt.

Xochimilco

Im 12. Jh. gründeten Tolteken am Südufer des Texcoco-Sees die Ortschaft, doch waren es Azteken, die 200 Jahre später in Xochimilco eine ungewöhnliche Form der Agrarwirtschaft etablierten: Um die Bewohner des expandierenden Tenochtitlán zu ernähren, bauten sie auf großen Flößen aus Schilfrohrkörben Obst und Gemüse an. Die Wurzeln reichten bis in den fruchtbaren Schlamm hinab, der ganzjährig Ernten garantierte. *Chinampas* nannten sie ihre schwimmenden Gärten, die heute fest mit dem Untergrund verbunden und von Kanälen durchzogen sind. Diese **Jardines Flotantes** der Azteken sind ein beliebtes Ausflugsziel für die Hauptstadtbewoh-

ner, besonders an Sonn- und Feiertagen. Ein Labyrinth von kleinen und großen Kanälen durchzieht die Gärten und jeder will Platz finden in einem der blumengeschmückten Kähne, den *Trajineras*, um langsam über das Wasser zu schippern. Und da man in Mexiko ist, ertönen lautstark sehnsuchtsvolle Melodien, dargebracht von **Mariachi-Kapellen**. Die befinden sich ebenfalls auf eigenen Booten und lassen auf Bestellung ihr gesamtes Repertoire ertönen.

ℹ Praktische Hinweise

Information

Oficina de Turismo, am Flughafen, Tel. (01) 55/57 86 90 02, am Zócalo, Tel. (01) 55/ 55 18 10 03, (01) 80 00 08 90 90 (kostenlos), www.mexicocity.gob.mx, www.mexicocity.com.mx

Flughafen

Aeropuerto Internacional de la Ciudad de México Benito Juárez, 6 km östlich vom Zócalo, Mexiko-Stadt, Tel. (01) 55/ 24 82 24 24, www.aicm.com.mx. Ins Zentrum mit der U-Bahn 5 Terminal Aérea.

Busbahnhöfe für Fahrten ins Umland

Terminal Central del Norte, Eje Central Lázaro Cárdenas 4907/Col. Magdalena de las Salinas, Mexiko-Stadt, Tel. (01) 55/ 55 87 15 52, www.centraldelnorte.com. U-Bahnstation Autobuses del Norte (Linie 5).

»Bei 150 km/h Geschwindigkeit von der Straße aus zu betrachten«, kommentierte David Siqueiros sein dynamisches Kunstwerk ›La gente de la universidad y la universidad de la gente‹ (Das Volk in die Universität, die Universität dem Volke; 1952–56) auf dem Universitätscampus

Terminal de Autobuses Oriente (TAPO), Calzada Ignacio Zaragoza 200/1 de Mayo, Mexiko-Stadt, Tel. (01) 55/57 62 59 77. U-Bahnstation San Lazaro (Linie 1 und B).

Central de Autobuses del Sur, Avenida Taxqueña 1320/Col. Campestre Churubusco, Mexiko-Stadt, Tel. (01) 55/56 89 97 45. U-Bahnstation Taxqueña (Linie 2).

Central de Autobuses del Poniente, Sur 122/Río Tacubaya, Col. Real del Monte, Mexiko-Stadt, Tel. (01) 55/52 71 45 19. U-Bahnstation Observorio (Linie 1).

Bus

Die Busse der Verkehrsgesellschaft **RTP** (www.rtp.gob.mx) tragen den Namen der Endstation, oft eine U-Bahn-Station. Man bezahlt beim Fahrer (kein Wechselgeld). Der **Metrobus** (www.metrobus. df.gob.mx) fährt in der Mitte der Avenida Insurgentes (ohne Stau), Fahrkarten erhält man an Automaten. **Trolleybusse** (www.ste.df.gob.mx) verkehren in den Stadtteilen.

Metro und Tren Ligero

Schnell und günstig fährt die **Metro** (www.metro.df.gob.mx) durch die gesamte Stadt. Zwischen 7 und 9 Uhr sowie 16 und 19 Uhr sollte man sie meiden, dann ist es rappelvoll. Männer und Frauen werden zu dieser Zeit gelegentlich in getrennten Wagen befördert. Im Süden fährt von Taxqueña (Metro-Endstation der Linie 2) der **Tren Ligero** (Schnellzug) ebenerdig bis nach nach Xochimilco. Für ihn benötigt man ein Extra-Ticket.

Taxi

Über die grünen oder gelben VW-Käfer, die preiswertesten Taxis in Mexiko-Stadt, gab es vermehrt Klagen. Besonders nachts empfehlen sich daher die *Taxis de Sitio* an festen Standplätzen und vor Hotels. Vom Flughafen nimmt man die Flughafentaxis (Fahrschein vorher kaufen). Die Taxilizenz muss sichtbar am Wagen angebracht sein. Bestelltaxis:

Servitaxis, Tel. (01) 55/15 16 60 20, www.servitaxis.com.mx

Taximex, Tel. (01) 55/91 71 88 88, www.taximex.com.mx

Hotels

*****Embassy Suites**, Paseo del Reforma, Mexiko-Stadt, Tel. (01) 55/50 61 30 00, www.embassysuitesmexicocity.com. 160 komfortable Suiten in zentraler Lage.

Die von Kanälen durchzogenen Jardines Flotantes sind ein beliebtes Ausflugsziel

Von den höheren Zimmern genießt man einen Superblick über die Innenstadt.

TOP TIPP *****Hotel Majestic**, Avenida Madero 73, Col. Centro, Mexiko-Stadt, Tel. (01) 55/55 21 86 00, www.majestic.com.mx. Jugendstilgebäude am Zócalo mit tollem Blick vom Dachgarten.

****Hotel Catedral**, Donceles 95, Col. Centro, Mexiko-Stadt, Tel. (01) 55/55 18 52 32, www.hotelcatedral.com. Zentrales Hotel mit gutem, preiswertem Restaurant. Herrlicher Blick vom Dachgarten auf die benachbarte Kathedrale.

***Hotel de Cortés**, Avenida Hidalgo 85, Mexiko-Stadt, Tel. (01) 55/55 18 21 81. Ehem. Augustiner-Konvent aus dem Jahr 1780 mit schönem Patio.

Isabel, Isabel La Católica 63, Centro Histórico, Mexiko-Stadt, Tel. (01) 55/ 55 18 12 13, www.hotel-isabel.com.mx. Älteres Stadthaus nahe des Zócalo.

Restaurants

Casa de los Cántaros, Calle Plateros 27, Insurgentes Sur, Col. San José Insurgentes, Mexiko-Stadt, Tel. (01) 55/55 98 89 90. Das ›Haus der Tonkrüge‹ ist im Stil der Malerin Frida Kahlo gehalten, serviert wird moderne mexikanische Küche.

Karisma, Campos Eliseos 219, Polanco, Mexiko-Stadt, Tel. (01) 55/52 80 18 72. Cantina mit mexikanischen Spezialitäten.

La Fonda el Refugio, Liverpool 166, Zona Rosa, Mexiko-Stadt, Tel. (01) 55/55 25 81 28, www.fondaelrefugio.com.mx. Rustikales Restaurant mit einer reichen Auswahl mexikanischer Gerichte.

Die Umgebung von Mexiko-Stadt – Pyramiden und Kolonialstädte

Nur Tagesausflüge von Mexiko-Stadt entfernt liegen einige sehenswerte präkolumbische Hinterlassenschaften, darunter die Pyramidenstätte **Teotihuacán**, eine der bedeutendsten des Landes. Überdies locken in der näheren Umgebung zahlreiche koloniale Städte, die mit ihrer ruhig-beschaulichen Atmosphäre Erholung von der Großstadt bieten. **Cuernavaca**, die ›Stadt des ewigen Frühlings‹, Sitz von Universitäten und Hochschulen, sollte man ebenso besuchen wie **Toluca**, die höchstgelegene Stadt des Landes.

2 Teotihuacán

 ›Der Ort, an dem die Menschen zu Göttern wurden‹.

Teotihuacán (tgl. 9–18 Uhr) ist eine der größten, eindrucksvollsten und zugleich rätselhaftesten Ausgrabungsstätten Mexikos. Von der Hauptstadt aus ist sie bequem per Bus (in 1 Stunde vom Terminal Central del Norte, s. S. 31) zu erreichen.

Geschichte Zwischen 250 v. Chr. und 650 n. Chr. errichtete ein bis heute unbekanntes Volk einen Stadtstaat, der sich über mehr als 11 km² ausdehnte. Als die Azteken im 14. Jh. die verlassene Stätte in Augenschein nahmen, waren die Pyramiden und Tempel längst zerstört. Dennoch waren sie so beeindruckt, dass sie den Spaniern von einem Ort berichteten, den Riesen erbaut hätten, den sie Teotihuacán nannten, das bedeutet ›wo die Menschen zu Göttern werden‹. Unbekannt sind nicht nur die Erbauer der prächtigen Tempelstadt, die zu ihren Glanzzeiten (um 350–650 n. Chr.) etwa 120 000 Menschen beherbergte, sondern auch die Gründe für ihren Niedergang zu Beginn des 8. Jh. Der Stadtstaat muss als Zeremonialplatz, Pilgerzentrum, Handelsplatz und Handwerkermetropole (Obsidianwerkstätten) fungiert haben. Was heute sichtbar ist, hat vermutlich nur fünf Prozent der ursprünglichen Bebauung ausgemacht.

◁ *Steinerner Wächter der Jahrhunderte – ein Atlant von Tula*

Besichtigung Für das archäologische Gelände sollte man etwa einen halben Tag einplanen. Die bedeutendsten Bauwerke liegen aufgereiht entlang einer 40 m breiten Zeremonialstraße (in Nord-

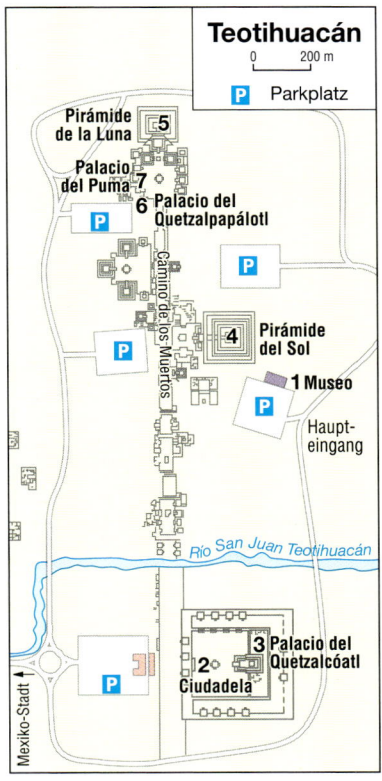

Einst Zentrum einer der größten Städte Mexikos – Blick von der Mondpyramide

Süd-Richtung) namens **Camino de los Muertos**, Straße der Toten. Ein guter Einstieg für die Besichtigung ist das beim Haupteingang gelegene **Museo** [1], das neben Fundstücken aus der Ausgrabung ein übersichtliches Modell des Geländes präsentiert, das man auf einer gläsernen Brücke überqueren kann.

Im Süden der Anlage befindet sich der **Ciudadela** [2] genannte Festplatz, das mit einer Seitenlänge von knapp 400 m größte Bauwerk des Zeremonialzentrums. Archäologen nehmen als Entstehungsjahr 200 n. Chr. an. Der riesige, durch zahlreiche niedrige Plattformen gegliederte Bau ist gesäumt von einem gemauerten Erdwall und trägt als Hauptpyramide an seiner Ostseite den **Palacio del Quetzalcóatl** [3]. Bei seiner Rekonstruktion stieß man auf die auffälligsten Verzierungen der Stadt, die sich zudem grundlegend von denen der übrigen Bauwerke Teotihuacáns unterscheiden: plastisch aus dem Stein herausgemeißelte *Skulpturen*. Die Köpfe von *Quetzalcóatl*, der bedrohlich aussehenden Gefiederten Schlange, und des *Regengottes Tlaloc* blicken auf den Besucher. Einst waren es 366 Skulpturen, die die Fassaden der sechsstufigen Pyramide zierten. Die rötliche Fassadenfarbe, die noch an vielen Stellen zu erkennen ist, wurde aus Insekten *(Cochinilla)* gewonnen. Weiter schnurgerade nach Norden verläuft der Camino de los Muertos, gesäumt von flachen Gebäuden. An der Ostseite erhebt sich die **Pirámide del Sol** [4], das Wahrzeichen von Teotihuacán, ein Bauwerk von gigantischen Ausmaßen. Noch heute erscheint es rätselhaft, wie die frühen Baumeister, die weder Rad noch Lasttiere kannten, die schweren Steine heranschafften. Nach Berechnungen von Archäologen müssen 2000 Mann 20 Jahre lang daran gearbeitet haben. Der Name der nahezu quadratischen Pyramide (220 x 225 m) leitet sich ab von einer Besonderheit ihres Standortes: Wenn die Sonne zur Tagundnachtgleiche am höchsten steht, um den 21. März und 23. September, wirft das Bauwerk keinerlei Schatten und die Sonne geht an diesen Tagen genau gegenüber der Frontseite unter.

Schließlich weitet sich der Camino de los Muertos zu einem großen **Zeremonialplatz** mit einem Altar in der Mitte. Er wird nach Norden abgeschlossen von der 45 m hohen **Pirámide de la Luna** [5], die eine Grundfläche von 150 x 20 m aufweist. Obwohl kleiner als die Sonnenpyramide, liegen wegen des Anstiegs der Zeremonialstraße die obersten Plattformen beider Bauwerke auf gleicher Höhe. Im Westen des 200 x 35 m großen Platzes nähern wir uns dem **Palacio del Quetzalpapálotl** [6] (Palast des Quetzal-

Schmetterlings). Das beispielgebend rekonstruierte Patio-Bauwerk diente einst den Priesterkönigen als Wohnstätte. Galeriewände und aus behauenen Steinquadern zusammengesetzte Pfeiler zeigen stilisierte Vögel und Schmetterlinge; Einlegearbeiten aus Obsidian symbolisieren die Augen.

Eine Treppe führt hinauf zum **Palacio del Puma** [**7**] (Jaguarpalast). Das Bauwerk besteht aus drei Räumen und wurde benannt nach seinen Wandmalereien, die u. a. zwei überlebensgroße Jaguare im mittleren Raum zeigen.

3 Tula

Vier steinerne Atlanten machen die alte Hauptstadt der Tolteken zum Treffpunkt von Liebhabern präkolumbischer Monumentalskulpturen.

Rund 80 km nordwestlich von Mexiko-Stadt, und von dort auch gut mit öffentlichen Bussen (in 1,5 Stunden vom Terminal Central del Norte, s. S. 31) zu erreichen, liegt eine weitere Machtzentrale präkolumbischer Zeit.

Geschichte Um das Jahr 900 n. Chr. ließen sich Tolteken am Fluss Tollán nieder, im heutigen Bundesstaat Hidalgo, und gründeten ›den Ort des Schilfrohres‹, Tollán genannt. Innerhalb weniger Jahrzehnte war die Stätte so groß und mächtig geworden, dass sie die Vorherrschaft im Hochland innehatte. Um 1150, so die Überlieferung, verließen die Tolteken Tula – aus unbekannten Gründen und mit unbekanntem Ziel. Damals herrschte vermutlich ein junger König, Quetzalcóatl, den schönen Künsten zugetan. Doch als er schließlich die bei den Tolteken verbreiteten Menschenopfer verbieten ließ, lehnte sich sein Volk gegen ihn auf. Quetzalcóatl flüchtete. Ob es sich bei einem wenig später auf der Halbinsel Yucatán landenden König um Quetzalcóatl handelte, bleibt ungewiss. Tollán jedenfalls verfiel, Vegetation deckte den Ort zu.

Die Geschichten über den unermesslichen Reichtum der Toltekenstadt kursierten indes noch Jahrhunderte nach ihrem Untergang. Auch der spanische Mönch und Geschichtsschreiber Bernardino de Sahagún hielt den Mythos Tollán am Leben, als er im 16. Jh. berichtete: »Weiter gab es dort alle Arten von grünen Edelsteinen; Gold und Silber waren keine Kostbarkeit, so viel besaß man da-

von.« Wissenschaftler des 20. Jh. bewegte die Frage: Wo liegt die sagenhafte Stätte Tollán? Erst 1938 entdeckten Archäologen, dass das historische Tollán nahe dem Städtchen Tula zu suchen war. Ausgrabungen bestätigten ihre Vermutung.

Besichtigung Am Eingang (Di–So 10–17 Uhr) wird zunächst ein kleines **Museum** passiert, das Ausgrabungsstücke präsentiert. Wahrzeichen von Tula ist die 10 m hohe **Pirámide del Quetzalcóatl**, auch Templo de Tlahuizcalpantecuhtli (Tempel des Morgensterns) genannt. Und hier oben stehen sie, die berühmten **Atlanten von Tula**, vier gewaltige, fast 5 m hohe Steinkolosse. Einst trugen sie das Tempeldach, heute verharren sie (drei davon Kopien aus Fiberglas) in der prallen Mittagssonne und überblicken die Hochebene. Vier schwarze Krieger in typischer Tolteken-Uniform: mit Lendenschurz und Federhelm, bewaffnet mit einem Atlatl (Bogen) sowie mit Pfeil und Wurfspeer.

An der Nordseite der Pyramide beeindruckt die **Schlangenmauer** mit einer drastischen Reliefdarstellung: Im aufgerissenen Maul einer gefiederten Schlange verschwindet ein menschliches Skelett, dem das Entsetzen deutlich ins Gesicht geschrieben steht.

Westlich des Tempels liegt der **Palacio Quemado** (Verbrannter Palast) mit in Erdfarben bemalten Wänden. Typisch toltekisch ist der Baustil: Drei große Säle sind um einen Lichthof angelegt. Im mittleren Raum begrüßt ein **Chac Mool** [s. S. 111] die Besucher.

Mit unbeweglicher Miene blicken sie über Tula – die riesigen Soldaten in toltekischer Uniform

4 Toluca

Die höchstgelegene Stadt des Landes bietet einen viel besuchten Indianermarkt.

In einem weiten Hochtal, 2670 m über Meeresniveau, liegt Toluca. Von Mexiko-Stadt aus führt eine kurvenreiche Autobahn durch die Pinienwälder der Sierra de las Cruces. Picknickplätze, an den Wochenenden auch Tacostände, säumen die Rastanlagen. Nach 67 km ist Toluca (600 000 Einw.), die Hauptstadt des Bundesstaates México, erreicht. Die *Wirtschaftsmetropole* wurde in den vergangenen Jahren für zahlreiche internationale Firmen eine Alternative zum überlaufenen Standort Mexiko-Stadt. Eingebettet in die weite Landschaft liegen heute zahlreiche Industriebetriebe.

An die Vergangenheit erinnert das koloniale Zentrum Tolucas. Die **Plaza de los Mártires** wird flankiert vom Palacio del Gobierno und vom Palacio Municipal, beide im klassizistischen Stil Ende des 19. Jh. errichtet. Eine lange Entstehungszeit hatte die **Kathedrale**; obwohl die Grundsteinlegung bereits 1867 erfolgte, wurde das Bauwerk erst 100 Jahre später fertig gestellt. Vielleicht schönstes Bauelement der Plaza sind die **Portales**, 120 Arkaden, unter denen sich das städtische Leben abspielt. Neben Geschäften locken zahlreiche Restaurants und Cafés mit landestypischer Küche.

Einer von vielen Märkten in der Gegend ist der in Nähe des Busbahnhofs stattfindende **Markt von Toluca**. An zahlreichen Ständen bieten Frauen, Angehörige des *Otomí-Stammes*, Obst und Gemüse, Eier und Feuerholz zum Verkauf, geflochtene Körbe und Kunsthandwerk. Die alte **Markthalle** von 1910, eine Stahlkonstruktion, begeistert durch ihre großflächigen farbenprächtigen Glasmalereien im Stil des Art Nouveau, die 1990 von *Leopoldo Flores Valdes* vollendet wurden. Heute beherbergt die *Cosmovitral* genannte Halle einen wunderbaren **Botanischen Garten** (Tel. (01) 917/214 67 85, Di–So 10–18 Uhr).

Ein etwas abenteuerlicher Ausflug führt zum Hausberg der Stadt, dem erloschenen **Vulkan Nevado de Toluca**. Die südlich der Stadt verlaufende Strecke über Capultitlán und San Juan (zunächst asphaltiert) führt nach etwa 30 km auf einer Schotter-, später Lavapiste in Serpentinen den Berg hinauf und geradewegs hinein in den Krater. Dort liegen zwei tiefblau schimmernde Seen, die man umwandern kann.

ℹ Praktische Hinweise

Hotels

***San Francisco**, Rayon Sur 104, Toluca, Tel. (01) 722/213 44 15. Komfortable Unterkunft mit Pool und Restaurant.

****Colonial**, Hidalgo Oriente 103, Toluca, Tel. (01) 722/213 32 33. Zentrale Lage, ruhige Zimmer und ein gutes Restaurant mit Abendunterhaltung.

5 Cuernavaca

Die Stadt des ewigen Frühlings ist Wochenendziel betuchter Hauptstadtbewohner.

Knapp 80 km südlich von Mexiko-Stadt liegt Cuernavaca, Kapitale des Bundesstaates Morelos. Hier lässt es sich gut le-

Farbenprächtige Glasmalerei von Leopoldo Flores Valdes in der alten Markthalle von Toluca

Der Palacio de Cortés in Cuernavaca sollte die Macht des Bauherrn manifestieren

ben: Die am Stadtrand angesiedelten Unternehmen sorgen für Wohlstand und die Höhenlage (1542 m) bietet ein angenehmes Klima. Universitäten, pädagogische Hochschulen und Sprachinstitute prägen das liberale Klima Cuernavacas (450 000 Einw.). Zahlreiche Paläste und Herrenhäuser schmücken die Straßen.

Die **Stadtgründung** erfolgte um 1100 durch Indianer vom Stamme der Tlahuica. Cuauhnahuac, ›nahe bei den Bäumen‹, nannten sie ihre Siedlung – was von den sprachunkundigen Spaniern in ›Cuerno de vaca‹ (Kuhhorn) umgedeutet wurde.

TOP TIPP Schon **Hernán Cortés** schätzte die Stadt und ließ sich hier den **Palacio de Cortés** (1531–35) erbauen, der an eine Burg erinnert: mit dicken Mauern aus unbehauenem Naturstein, ohne die damals üblichen Verzierungen, aber mit Zinnen und Türmen, mit kleinen Fenstern, die wie Schießscharten wirken. Es heißt, mit diesem Bauwerk, das eher an das Mittelalter erinnert, wollte Cortés ein Zeichen setzen für seinen König im fernen Spanien, eine Demonstration eigener Stärke. Der Palast, an der Stelle eines präkolumbischen Tempels errichtet, zeigt sich indes nur von der Vorderseite verschlossen. Auf der dem Garten zugewandten Seite lockern doppelgeschossige Arkaden das Bauwerk auf. Heute beherbergt der Palast das städtische **Regionalmuseum** (Di–So 10–17 Uhr). Die Wände der Loggia im Obergeschoss wurden von Diego Rivera mit prächtigen Murales gestaltet.

Sehenswert sind außerdem die **Kathedrale** (16. Jh.) mit interessanten Fresken sowie der **Jardín Borda**, ein im Stil französischer Gärten angelegter Park mit der Sommerresidenz Kaiser Maximilians und seiner Frau Charlotte.

ℹ Praktische Hinweise

Information

Oficina de Turismo, Avenida Morelos Sur 187, Cuernavaca, Tel. (01) 777/314 18 80, www.morelostravel.com

Hotels

***Misión**, Galeana 127, Col. Acapatzingo, Cuernavaca, Tel. (01) 777/318 20 10, www. hotelesmision.com. 60 komfortable Suiten mit Terrasse, dazu zwei Pools im herrlichen Garten und Fitnessraum.

***Villa del Conquistador**, Paseo del Conquistador 134, Col. Lomas de Cortés, Cuernavaca, Tel. (01) 777/313 11 66, www. conquistador.com.mx. Hübsche Zimmer mit Terrasse, um einen Pool arrangiert.

**Villa Calmecac, Calle Zacatecas 114, Col. Buenavista, Cuernavaca, Tel. (01) 777/313 29 18, www.villacalmecac.com. Ökologisch geführte kleine Herberge.

Restaurant

La Casa de Campo, Abasolo 101, Cuernavaca, Tel. (01) 777/318 57 97, www.casade campocuernavaca.com. Kolonialhaus des 18. Jh. mit mexikanischer Haute cuisine.

Das Zentrale Hochland – eine koloniale Schatzkammer

»Was für schöne Gebäude findet man bereits in Mexiko-Stadt und selbst in Provinzstädten, in Guanajuato und Querétaro«, wunderte sich schon Alexander von Humboldt. Tatsächlich liegen im Zentralen Hochland, in Höhen zwischen 1500 und 2200 m, viele Orte, die ihre städtebauliche Vergangenheit bewahren konnten. Zum goldglänzenden Barock der Städte bildet die karge Umgebung einen starken Kontrast. Graubraun schimmern die mächtigen **Gebirgszüge**, Ausläufer der *Sierra Madre Occidental* im Westen und der *Sierra Madre Oriental* im Osten. Die Straßen winden sich in Serpentinen die Berge hoch, in Talkesseln ruhen Städte und Dörfer. Das ganze Jahr über herrschen frühlingshafte Temperaturen, nachts kann es jedoch stark abkühlen. Die Mexikaner nennen diese Zone **Tierra fria**. Für viele US-Amerikaner wurde sie zur zweiten Heimat.

6 Taxco

Seit einem Vierteljahrhundert pflegt Taxco seinen Ruf als Silberhauptstadt der Welt.

Inmitten von grünen Hügeln, am Abhang der El-Atache-Berge, liegt in 1660 m Höhe das barocke Taxco (170 000 Einw.). Eine Stadt, die vollständig unter **Denkmalschutz** steht, in der die reich verzierten Fassaden der **Bürgerhäuser** noch genauso aussehen wie zu den Zeiten, in denen Alexander von Humboldt sich hier aufhielt. 1803 landete er in Acapulco und gelangte – auf der Suche nach schneebedeckten Vulkanen und unbekannten Pflanzen – nach Taxco. Das imposante Haus, in dem er übernachtete, die barocke *Casa Humboldt*, ist heute Museum.

Große Silbervorkommen begründeten den Reichtum der Stadt. Zum Einkaufsparadies für **Silberartikel** wurde Taxco jedoch erst in den 1930er-Jahren. Damals belebte der US-Professor William Spratling mit einheimischen Künstlern das Schmiedehandwerk neu. Heute gibt es über 200 *Platerías*, Silbergeschäfte. Die Preise sind in Taxco besonders niedrig, die Auswahl ist nirgendwo im Land größer.

Geschichte 1528 wurden *Silbervorkommen* entdeckt und der Ort El Real de Tzelcingo gegründet, 1581 erfolgte die Umbenennung in Taxco. »Die Bergwerke«, so konnte schon Alexander von Humboldt feststellen, »sind ohne Zweifel die Hauptquelle der großen Vermögen in Mexiko.« Mit etwas Glück konnte man von heute

Taxco – früher wegen der Silberadern beliebt, heute wegen des kolonialen Stadtbildes

◁ *Farbige Kacheln zaubern aus Kirchen Märchenschlösser – wie in Acatepec bei Cholula* auf morgen reich werden, wie **José Borda**. Der französische Baske entdeckte eine gewaltige Silberader und stieg auf zu einem der reichsten Männer Mexikos. Um seine Frömmigkeit unter Beweis zu stellen, ließ er eine Kirche erbauen, frei nach dem Grundsatz ›Dios da a Borda. Borda da a Dios‹ (›Gott gibt Borda. Borda gibt Gott‹).

Besichtigung Die 48 m hohen Zwillingstürme der **Catedral San Sebastián y Santa Prisca** überragen die Silberstadt. Gestiftet wurde sie von dem reichen Gönner José Borda, erbaut aus rotem Sandstein in den Jahren 1751–59. Im *Inneren* des Bauwerks blenden die vergoldeten Bilder von Miguel Cabrera (1695–1768), des wohl berühmtesten indianischen Künstlers Mexikos. Von den zwölf Altären sind mehrere prächtig dekoriert und gelten mit ihrem Schnitzwerk als Höhepunkte kolonialen Kunstschaffens. Die spätbarocke *Fassade* beeindruckt mit ihrer churrigueresk-überladenen Ausgestaltung.

Die Kathedrale erhebt sich am **Zócalo** und ist umgeben von Palästen, die Zeugnis ablegen vom damaligen Repräsentationswillen der reichen Bürger. Am prächtigsten ist das Haus, das sich Don José Borda im Jahre 1759 selbst erbauen ließ, nahe der von ihm gestifteten Kathedrale. Heute dient der **Palacio Borda** wechselnden Kunstausstellungen.

Im einstigen Wohnhaus von Alexander von Humboldt, der *Casa Humboldt*, ist heute das **Museo de Arte Virreinal** (Calle Juan Ruíz de Alarcón 12, Di–Sa 10–17, So 9–15 Uhr) untergebracht, das religiöse Kunst aus der Kolonialzeit präsentiert.

Eine besondere Attraktion kann das Hotel **Posada de la Misión** (siehe unten) aufweisen: Die Rückwand seines Schwimmbads ziert ein 40 m langes und 6 m hohes *Mosaik* aus Natursteinen. Es zeigt Figuren der präkolumbischen Zeit und Cuauhtémoc, den in der Nähe von Taxco geborenen Aztekenkaiser, sowie Vicente Guerrero, den ersten Präsidenten des Landes. Der Schöpfer des Kunstwerkes ist *Juan O'Gorman*, der auch das Mosaik der Universitätsbibliothek in Mexiko-Stadt schuf [s. S. 30].

ℹ Praktische Hinweise

Information
Oficina de Turismo, Avenida de los Plateros 1, Taxco, Tel. (01) 762/622 07 98

Hotels
*****Posada de la Misión**, Cerro de la Misión 32, Taxco, Tel. (01) 762/622 00 63, www.posadamision.com. Schönes Hotel mit Garten und Pool. Von den Terrassen des vorzüglichen Hotelrestaurants genießt man eine hervorragende Aussicht auf die Stadt.

***Victoria**, Carlos J. Nibbi 5–7, Taxco, Tel. (01) 762/622 00 04, www.victoriataxco.com. Das am Hang gelegene, 1940 im Kolonialstil errichtete Haus bietet 63 Zimmer, einen Pool sowie einen schönen Blick auf die Kathedrale von Taxco.

***Casa Grande**, Plazuela San Juan, Taxco, Tel. (01) 762/622 09 69. Preiswertes Haus mit einigen schönen Zimmern (vorher ansehen).

Restaurant
Flor de la Vida (im Hotel Real de Minas), Plaza Borda 9, Tel. (01) 762/627 44 42, Taxco. Hübsches Dachgarten-Restaurant in zentraler Lage mit Blick auf die Kathedrale und den Zócalo.

7 Puebla

Die Stadt der Kacheln ist ein Zentrum des Kunsthandwerks.

Das rund 120 km südöstlich von Mexiko-Stadt gelegene traditionsreiche Puebla (2,1 Mio. Einw.) gilt als Geburtsort der mexikanischen Küche. Die Soße *Mole poblano* sowie die köstlichen *Chiles en nogada* sollen in der Klosterküche von Santa Rosa ›erfunden‹ worden sein [s. S. 128]. In der Altstadt liegen zahlreiche *Fondas*, Gasthäuser, die das Beste der Puebla-Küche servieren.

Geschichte Die Stadtgründung erfolgte im Jahre 1531. Der Legende nach waren es drei Engel, die die Straßen und Häuserblocks schachbrettartig vermaßen. Puebla de los Ángeles – Stadt der Engel wurde die Siedlung genannt. Bald drängten sich Dominikaner, Augustiner, Jesuiten, Karmeliter und Kapuziner in ihren Kutten auf den Straßen und prägten das geistige und weltliche Leben. 1545 wurde Puebla Bischofssitz.

Besichtigung Ein Muss für Kunstliebhaber wie für Hobbyköche ist der **Convento de Santa Rosa**, das ehem. Santa-Rosa-Kloster, heute **Centro Cultural Santa Ro-**

Köstliche Gerichte wurden in der Klosterküche von Santa Rosa in Puebla kreiert

sa (14 Poniente 301, Tel. (01) 222/232 28 52, Di–So 10–17 Uhr). Mit wunderschönen blauen, maurisch inspirierten Talavera-Kacheln verkleidet ist die dortige *Klosterküche*, eine Art Küchenmuseum mit bauchigen Tongefäßen, mit Regalen voller Schüsseln; an den gekalkten Wänden hängen Kochlöffel und andere unverzichtbare Utensilien aus Holz.

Eine Besonderheit des historischen Stadtzentrums, das 1987 von der UNESCO

Kostbarkeiten füllen die Biblioteca Palafoxiana, die wohl älteste Bibliothek Amerikas

zum Weltkulturerbe erklärt wurde, ist die ornamentale Gestaltung der Hausfassaden mit **Talavera-Kacheln**. Bereits im 16. Jh. rühmten Chronisten die in Puebla hoch entwickelte Kunst der Kachelherstellung. Siedler aus der spanischen Stadt Talavera hatten ihr Handwerk damals mit nach Mexiko gebracht.

Einen Höhepunkt fand die Kachelkunst im Palast eines Stadtrates: **Casa de los Muñecos** (2 Norte 2–4), Haus der Puppenfiguren, wird sein Anwesen genannt, in Anlehnung an die Kachelbilder an der Fassade, die angeblich Mitglieder des Stadtausschusses porträtieren. Heute ist hier das **Nuevo Museo Universitario** (Tel. (01) 222/246 28 99, www.museobuap.mx, tgl. 10–18 Uhr) mit seiner Sammlung von Gemälden, Graphiken und Möbeln untergebracht. Daneben werden Wechselausstellungen präsentiert. Eine Kollektion kostbarer Talavera-Kacheln aus vier Jahrhunderten beherbergt das **Museo Bello** (3 Poniente 302, Tel. (01) 222/232 94 75, Di–So 10–17 Uhr).

Die **Catedral** (1588) mit ihren beiden hohen Türmen liegt am prächtigen, lebendigen **Zócalo** und ist ein herausragendes Beispiel des mexikanischen Barock. Das Kircheninnere kann mit zahlreichen Kunstschätzen aufwarten. Sehenswert sind neben den blattgoldbelegten Altären die stuckierten Decken, die mit Intarsien versehen Marmorfußböden sowie das kostbare Chorgestühl. Engel und Heiligenfiguren aus Onyx schmücken die Pfeiler und Gesimsvorsprünge.

Eines der weltweit schönsten Bibliotheksmuseen ist die **Biblioteca Palafoxiana** (Casa de la Cultura, 5 Oriente 5, Tel. (01) 222/232 12 27, Di–Fr 10–17, Sa/So 10–16 Uhr), unmittelbar hinter der Kathedrale gelegen. Fast 50 000 Bücher trug Bischof Don Juan de Palafox y Mendoza zusammen und stiftete sie 1646 der Stadt. Neben diesen bibliophilen Kostbarkeiten, untergebracht in Bücherschränken und Regalen des 18. Jh., ergänzen Atlanten und Globen die Sammlung.

Eine hervorragende und auch umfangreiche Privatsammlung präkolumbischer und kolonialer Kunst präsentiert das **Museo Amparo** (2 Sur 708/9 Oriente, Tel. (01) 222/229 38 50, www.museoamparo.com, Mi–Mo 10–18 Uhr) in zwei Kolonialgebäuden. Weiter westlich liegt die **Casa del Déan** (16 de Septiembre 505, Di–So 9–17 Uhr). Tomás de la Plaza, 1564–89 Dekan der Kathedrale und damit nach dem Bischof der höchste kirchliche Würdenträger der Stadt, ließ sich den prächtigen, ursprünglich 1700 m² großen Palast erbauen. Den Zerstörungen und Umbauten der Jahrhunderte trotzten bis heute die herrlichen Renaissance-Fresken in den Salons.

Von auffälligem Äußeren ist das **Museo Casa de Alfeñique** (4 Orien-

te 416/6 Norte, Tel. (01) 222/232 04 58, Di–So 10–17 Uhr). Im 18. Jh. entwickelten sich die Fassaden der Gebäude zum wichtigsten künstlerischen Ausdrucksmittel. Das ›Zuckerbäckerhaus‹ z. B. gilt als typischer Vertreter des mexikanischen Churriguerismus. Seine Fassade aus rotbraunen Kacheln, kombiniert mit kleineren in Weiß und Blau, wird ergänzt durch üppigste Stuckverzierungen. Diesen Wohnsitz ließ sich die in Puebla angesehene Familie Morales errichten. Auch der Maler *Francisco Morales van den Eynden* (1811–1884) wohnte zeitlebens hier. Sein Werk umfasst an die 3000 Ölbilder, von denen zahlreiche die hiesigen Kirchen schmücken. Sehenswert im Inneren ist die üppig mit Talavera-Kacheln verzierte *Hauskapelle*, eine Nachbildung der Rosenkranzkapelle (s. u.); außerdem die vollständig erhalten gebliebene *Küche*.

Das **Teatro Principal** (8 Oriente /6 Norte) ließen sich die Bewohner Pueblas in den Jahren 1756–69 erbauen. Es gehört zu den ältesten Schauspielhäusern des Kontinents und ist von prunkvollem Äußeren.

Die Kirche **Santo Domingo** (5 de Mayo/6 Oriente) birgt die 1690 geschaffene *Capilla del Rosario* (Rosenkranzkapelle). Sie besticht durch verschwenderische Dekorationen aus vergoldetem Holzschnitzwerk und Stuck sowie eine mit Blattgold ausgestaltete Kuppel. Zwölf Säulen symbolisieren die Apostel.

Überwältigender kolonialer Glanz in der Kirche Santo Domingo von Puebla

Auf die Spitze trieben es die Spanier – und setzten ihre Kirche oben auf die Pyramide von Cholula

ℹ Praktische Hinweise

Information

Módulo de Información Turística, Calle 5 Oriente 3, Puebla, Tel. (01) 222/ 777 15 19, www.puebla.gob.mx

Markt

Mercado de Artesanías ›El Parián‹, Avenida 6 Norte/2 Oriente, Puebla. Kunsthandwerk an vielen kleinen Ständen.

Hotels

*****Camino Real, 7 Poniente 105, Puebla, Tel. (01) 222/229 09 09, www.camino real.com/puebla. Stilvolle Zimmer im ehem. Kloster Convento de la Concepción aus dem 16. Jh.

****Hotel del Portal, Juan de Palafox y Mendoza 205, Puebla, Tel. (01) 222/ 246 02 11, www.hoteldelportal.com. 90 Zimmer in einzigartiger Lage am Zócalo gegenüber der Kathedrale.

Restaurant

Fonda de Santa Clara, 3 Poniente 920, Puebla, Tel. (01) 222/246 19 19, www. fondadesantaclara.com. Traditionelle regionale Küche, gegenüber dem Museo Bello.

8 Cholula

Die ruhige Provinzstadt besitzt die größte Pyramide Mexikos.

Das westlich von Puebla gelegene Cholula wirkt heute fast wie ein Vorort der großen Kolonialstadt. So lässt sich ein Besuch auch problemlos von Puebla aus arrangieren. »Von der hohen Plattform der großen Moschee habe ich über 400 andere Tempel und Türme gezählt«, berichtete Cortés an Kaiser Karl V. über das prächtige Cholula, in dem er und seine Mannschaft drei Wochen Gastfreundschaft genossen. In einem der vielen, heute zerstörten Tempel ließ Cortés 1519 seine Gastgeber anschließend töten.

Schon beim Eintreffen von Hernán Cortés machten die Ureinwohner den Konquistador auf den riesigen, »von Menschen errichteten Berg« aufmerksam. Denn bereits damals erinnerte die größte Pyramide des Landes (ab dem 1. Jh. n. Chr. entstanden) an einen gewaltigen Erdhügel; 400 × 400 m misst ihre Grundfläche. Über Jahrhunderte hinweg prägten die architektonischen Vorlieben von Tolteken, Mixteken und Azteken den Bau, der dem Gott Quetzalcóatl geweiht war. Selbst Einflüsse aus Teotihuacán wurden identifiziert. Die Spanier schließlich setzten im 16. Jh. eine Kirche auf die Spitze. Die Pyramide selbst wurde erst 1931 wieder entdeckt.

Barocker Überschwang – Kuppel und Kirchenschiff der Kathedrale von Morelia

Tunnel führen von der Nordseite des Hügels in die **Pyramide** (14 Poniente, Di–So 9–18 Uhr) hinein, vorbei an diversen Grundmauern der frühen Bauphasen. Für Besucher sind mehrere Hundert Meter des Tunnels begehbar. Empfehlenswert ist ein Besuch der kleinen *Ausstellung* gegenüber dem Pyramideneingang. Dank eines Modells erhält man einen guten Überblick über die Anlage. Zudem sind *Grabungsfunde* zu sehen.

Cholula wartet mit einem weiteren baulichen Superlativ auf: So verfügt der hiesige **Zócalo** über die längste *Arkadenreihe* des Landes. Untergebracht unter den romantischen Bögen sind Boutiquen, Cafés und Kunstgewerbegeschäfte.

Der Zócalo wird flankiert von der kleineren Kirche **San Pedro** – zu erkennen an ihren zwei Glockentürmen – sowie der prächtigen Franziskanerkirche **San Gabriel**, Teil des gleichnamigen Klosterkomplexes aus der Mitte des 16. Jh. Dazu gehört noch die kleine **Capilla Real** (um 1600). Die Königskapelle verfügt über ein reich dekoriertes Innenleben, das mit seinen Rundbögen, Kuppeln und Säulen an eine Moschee erinnert. 49 Kuppeln bilden das Dach.

Ausflüge

Von Cholula aus sind Abstecher nach **Tonanzintla** und **Acatepec** unbedingt zu empfehlen: Beide Orte besitzen Kirchen im fantastischen Churriguerastil, der sich hier mit farbenfrohen, lebendigen indianischen Einflüssen mischt.

9 Morelia

Harmonische Kolonialstadt, die den Namen eines Freiheitshelden trägt.

An die in vorspanischer Zeit entstandene Siedlung erinnert heute nichts mehr. 1531 gründeten dann Franziskanermönche das Dorf Villa de Valladolid, das bereits vier Jahre später zur Stadt ernannt wurde. Heute trägt sie den Namen des Priesters und Freiheitshelden José María Morelos (1765–1815), der hier geboren wurde. Die Hauptstadt des Staates Michoacán ist eine wohlhabende Industriemetropole, doch angesichts ihres historischen Zentrums, das seit 1991 zum UNESCO-Weltkulturerbe zählt, fällt es nicht schwer sich vorzustellen, wie es zu Zeiten der spanischen Konquistadoren hier ausgesehen haben mag.

Seele der Stadt sind zwei von Arkaden gesäumte und mit Lorbeerbäumen bestandene Plätze, **Plaza de los Mártires** und **Plaza de Armas** genannt. Zwischen ihnen ragen die Türme der **Catedral** (1744), eines barocken Prachtbaus, über 60 m hoch in den Himmel. Im Kircheninneren erwartet den Besucher eine der größten Orgeln der Welt, 1903 in Deutschland gebaut. Gegenüber der Kathedrale fällt der **Palacio del Gobierno** aus der ersten Hälfte des 18. Jh. ins Auge: eine Komposition aus Galerien, Innenhöfen und Balustraden. Die Murales entwarf der Künstler *Alfredo Zalce* (1908–2003) aus dem 100 km entfernten Pátzcuaro.

Als **Casa de las Artesanías** (Fray Juan de San Miguel 129, Tel. (01) 443/312 12 48, tgl. 9–15 und 17.30–20 Uhr) genutzt wird das ehem. Franziskanerkloster. Zu festen Preisen gibt es ein großes Angebot an Kunsthandwerk, vorwiegend aus dem Bundesstaat Michoacán.

Wahrzeichen der Stadt ist der ca. 1600 m lange **Aquädukt**, der Ende des 18. Jh. errichtet wurde.

ℹ️ Praktische Hinweise

Information

Oficina de Turismo, Palacio Clavijero, Nigromante 79, Morelia, Tel. (01) 443/ 312 80 81, www.visitmorelia.com

Hotels

****Alameda**, Avenida Madero Poniente 313, Morelia, Tel. (01) 443/312 20 23, www. hotel-alameda.com.mx. Koloniales Haus im Zentrum mit ruhigem Innenhof.

TOP TIPP ****La Soledad**, Ignacio Zaragoza 90, Morelia, Tel. (01) 443/ 312 18 88, www.hsoledad.com. Im Kolonialstil mit romantischem Patio und sehr gutem Restaurant.

****Mansión Acueducto**, Avenida Acueducto 25, Morelia, Tel. (01) 443/312 33 01. Gediegenes Haus mit Blick auf das Wahrzeichen der Stadt.

10 Pátzcuaro

Indianerdörfer und eine koloniale Kleinstadt am See.

Die 60 000 Einwohner zählende Stadt Pátzcuaro liegt in 2170 m Höhe rund 1 km vom See Lago de Pátzcuaro entfernt. Die im Schachbrettmuster angelegte Ortschaft mit weiß getünchten Adobe-Häusern (aus luftgetrockneten Lehmziegeln errichtet), roten Ziegeldächern und üblen Kopfsteinpflasterstraßen gehört zu den wenigen Orten, die durch den Verzicht auf Werbetafeln ihre koloniale Atmosphäre vollständig erhalten haben.

Man kommt zunächst auf die **Plaza Gertrudis Bocanegra** mit einer Bronzestatue jener Heldin, die im Freiheitskampf 1810 eine bedeutende Rolle gespielt hatte. Freitags zieht sich der **Wochenmarkt** vom Ortsrand bis zur Plaza. Hier steht auch das *Teatro Emperador*, ursprünglich ein Kloster, das 1936 zu einem Kino umgebaut wurde. Heute werden hier noch gelegentlich Filme aufgeführt, aber auch andere kulturelle Events veranstaltet. Die benachbarte einstige Kirche **San Agustín** aus dem Jahre 1576 dient heute als öffentliche **Bibliothek**. An der Rückwand zeigt ein Mural von *Juan O'Gorman* aus dem Jahr 1942 Szenen zur Geschichte des Bundesstaates Michoacán.

Monumental – Murales von Alfredo Zalce im Treppenhaus des Palacio del Gobierno in Morelia

Blick über den Lago de Pátzcuaro mit Fischerbooten auf die Isla Janitzio

Die auf einem Hügel gelegene **Basílica Virgen de la Salud** wurde schon 1540 erbaut. Sie birgt in ihrem Inneren eine hoch verehrte Madonna aus Maispaste von 1570. Ähnliche Figuren – z. B. eine Christusfigur aus Zuckerrohrpaste, *Pasta de caña* – findet man auch im **Museo de Artes e Industrias Populares** (Tel. (01) 434/3421029, Di–Sa 9–19, So 9–15 Uhr), untergebracht im ehem. Colegio de San Nicolás, das Vasco de Quiroga gründete.

Das Zentrum der Stadt bildet die **Plaza Don Vasco de Quiroga** mit dem Palacio Municipal an der Westseite sowie mehreren Patrizierhäusern und der Casa del Gigante an der Ostseite. Bänke aus Canterastein schmücken den Platz. Auch die **Casa de los Once Patios** (Haus der elf Innenhöfe, s. S. 47) sollte man besuchen, ein Nonnenkloster aus dem 17. Jh., mit Werkstätten und Läden für Kunsthandwerk.

Pátzcuaro war in präkolumbischer Zeit ein bedeutendes Zentrum des Indiostammes der *Tarasken* (oder Purépecha), die heute noch in dieser Region leben. Ihre traditionellen Tänze werden – wenn auch primär für Touristen – gelegentlich noch aufgeführt. So kann man den ›Tanz der alten Männer‹ (La Danza des los Viejitos) in manchen Hotels und Restaurants erleben: Junge Männer tragen dabei hölzerne Masken, die lächelnde, ältere Menschen darstellen.

Der 45 km² große **Lago de Pátzcuaro** ist umgeben von grünen Hügeln und Vulkanbergen, an deren Hänge sich Taraskendörfer schmiegen. Der See ist über weite Teile von Wasserlilien bedeckt, gegen die die Bewohner einen ständigen Kampf führen und große ›Pflanzenbrecher‹ müssen immer wieder Fahrrinnen für die Boote schaffen. Die **Isla Janitzio** ist mit Motorbooten in 45 Minuten zu erreichen. Man schlendert einen steilen Hügel hinauf, gesäumt von Souvenirläden und Restaurants, und gelangt zu einem riesigen und pompösen *Monument* des Freiheitskämpfers José María Morelos. Im Inneren führen Treppen bis zur Spitze, von wo aus man den besten Blick auf den See, seine Inseln und die Stadt Pátzcuaro genießt.

Zu einer Touristenattraktion hat sich der **Día de los Muertos** (Allerseelen) am 2. November entwickelt, der überall in Mexiko begangen wird, hier aber besonders festlich, für europäische Augen allerdings auch skurril gestaltet wird. Man widmet den Tag den Toten, schmückt die Häuser und deckt den Tisch mit den Lieblingsspeisen und Getränken der Verstorbenen, da man glaubt, diese kämen zu Besuch. In der Nacht vom 1. auf den 2. November gibt es Lichterprozessionen zu den reich geschmückten Friedhöfen, am Lago de Pátzcuaro mit Booten auf dem See.

ℹ️ Praktische Hinweise

Information

Oficina de Turismo, Plaza Quiroga, Portal Hidalgo 1, Pátzcuaro, Tel. (01) 434/344 34 86, www.patzcuaro.com

Einkaufen

Casa de los Once Patios (Haus der elf Innenhöfe), Madrigal de las Altas Torres, tgl. 10–18 Uhr. Werkstätten und Läden für Kunsthandwerk unter einem kolonialen Dach.

Hotel

******Mansión Iturbe**, Portal Morelos 59, Pátzcuaro, Tel. (01) 434/342 03 68, www.mansioniturbe.com. Haus der Kolonialzeit (1790) am Hauptplatz.

Restaurant

El Patio, Plaza Vasco de Quiroga 19, Pátzcuaro, Tel. (01) 434/342 04 84. Koloniales Stadthaus mit gemütlichem Innenhof, Spezialität ›Pescado blanco‹ aus dem Pátzcuarosee.

11 Guadalajara und Tlaquepaque *Plan Seite 48*

Die zweitgrößte Stadt des Landes ist wohlhabend; entsprechend edel wurde die Altstadt hergerichtet.

Im Hochtal von Atemajac, in 1600 m Höhe, liegt das etwa 2,6 Mio. Einwohner zählende Guadalajara, die Hauptstadt des *Bundesstaates Jalisco*. Zum Glück ist

ein Großteil der Altstadt verkehrsberuhigt und deshalb kann man stundenlang über die von Palästen und Herrenhäusern umstandenen Plätze spazieren, in stilvollen Patios Einkehr halten und einen Kakao genießen, von dem es heißt, dass schon die vorkolumbischen Völker seinen Geschmack so sehr genossen, dass die Bohnen sogar als Zahlungsmittel dienten.

Geschichte Fünf Dutzend europäische Familien riefen in den Jahren 1530–42 die Siedlung ins Leben. Zu den ursprünglich elf Straßen in Nord-Süd- und zehn in Ost-West-Richtung gesellten sich bald weitere – zu verdanken dem spanischen Konquistador *Nuño de Guzmán*, der das nach seiner Heimatstadt benannte Guadalajara zur Kapitale eines von ihm gegründeten Königreiches Neu-Galicien ernennen wollte.

Besichtigung Herzstück von Guadalajara ist die 1571 begonnene und erst ein halbes Jahrhundert später vollendete gewaltige **Catedral** ❶, deren Kuppel von zwei Türmen im neobyzantinischen Stil (1818) flankiert wird. Kuppel wie Türme sind mit gelben Kacheln verziert. Selbsternannte Fremdenführer erläutern den Besuchern die auf den ersten Blick kaum zu erkennende Stilmixtur der Kathedrale, bei der gotische, maurische und korinthische Elemente neben jenen der Renaissance und des Mudéjar-Stils zum Tragen kamen. Die Catedral ist umgeben von vier prächtig gestalteten Plätzen. Akkurat geschnittene Lorbeerbäume und schmiedeeiserne Bänke bilden die Kulis-

Kein Grund zur Trauer – am Pátzcuarosee gibt der Totentag Anlass zu bunten Feiern

se für die abendlichen Treffpunkte der Bevölkerung auf der **Plaza de Armas** ❷ sowie der **Plaza de los Laureles** ❸ und der **Plaza de los Hombres Ilustres** ❹.

An der Plaza de Armas – zu der eine viktorianische Rundbühne (1815) gehört – liegt der 1643 errichtete barocke **Palacio del Gobierno** ❺. Im Treppenhaus schuf der in Guadalajara wirkende *José Clemente Orozco* ein gewaltiges Mural. Zu sehen ist der stets in Schwarz gekleidete Pater Hidalgo mit schlohweißem Haar und einer brennenden Fackel in der Hand.

Östlich der Catedral erstreckt sich die **Plaza de la Liberación** ❻, auch Plaza de los tres Poderes genannt. An ihrer Nordseite erhebt sich unübersehbar das **Museo Regional de Guadalajara** ❼ (Liceo 60/Hidalgo, Tel. (01) 33/36 14 99 57, Di–Sa 9–17.30, So 9–16.30 Uhr), untergebracht in einem alten Jesuiten-Seminar. Dicke, von Kletterpflanzen überwucherte Wände begrenzen die diversen Patios, an langen Kreuzgängen liegen die Ausstellungsräume mit präkolumbischer Kunst sowie religiösen Exponaten und Gemälden aus der Kolonialzeit. Auch einige frühe Arbeiten von *Diego Rivera* sowie Werke von *Orozco* und *Murillo* sind zu sehen.

Die Plaza wird an der Ostseite begrenzt vom **Teatro Degollado** ❽ (Belen, Tel. (01) 33/36 13 11 15). Ein Blick ins Innere lohnt sich: Das klassizistische Bauwerk aus dem Jahr 1866 weist prunkvolle Räume auf.

Jeden Sonntag führt hier eine Folkloregruppe der Universität mexikanische Tänze vor.

Der Platz findet an seiner östlichen Seite eine Fortsetzung in einer der schönsten *Fußgängerzonen* Mexikos, der **Plaza Tapatía** ❾. Über sieben Blocks kann man, entlang kolonialer Prachtbauten, moderner Bürohäuser und avantgardistischer, von jungen Künstlern geschaffener Skulpturen zum **Hospicio Cabañas** ❿ (Cabañas 8, Tel. (01) 33/36 68 16 47, www.cultura.jalisco.gob.mx, Di–So 10–18, So 10–15 Uhr) schlendern. 23 blumengeschmückte Innenhöfe und klar gegliederte Säle schuf Manuel Tolsá im Jahre 1805, ein gewaltiges klassizistisches Meisterwerk, das 1997 zum UNESCO-Weltkulturerbe erklärt wurde. Heute dient das Bauwerk als *Kulturzentrum* (Instituto Cultural Cabañas). In 18 Sälen sind Werke lokaler Künstler ausgestellt, darunter viele von *Orozco* – angesichts der Schlichtheit der Räume ein ästhetischer Genuss. Das berühmteste Gemälde beherbergt die kleine, frühere *Kapelle* am Haupthof des Klosters. ›*Der Mensch in Flammen*‹ (Hombre del Fuego) – Orozcos legendäres Werk aus dem Jahr 1938 – schmückt die Kuppel und verkörpert die Vision des Künstlers: den Menschen der Zukunft.

In Guadalajara sind die **Mariachis** zu Hause. Bereits am frühen Nachmittag versammeln sich die Musiker auf der kleinen **Plazuela de los Mariachis** ⓫. Die

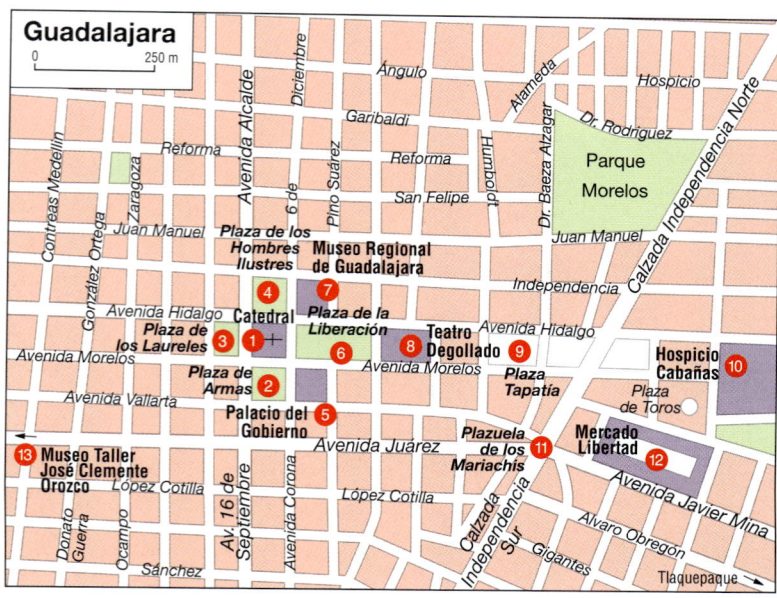

Architekturstile der Jahrhunderte harmonisch vereint – ein zierlicher Pavillon und die mächtige Catedral schmücken die Plaza de Armas in Guadalajara

Zuhörer sitzen dicht nebeneinander auf Holzbänken. Auf Bestellung spielen die Männer die gewünschten Lieder, Restaurants sorgen für das leibliche Wohl. Ebenfalls zu empfehlen: Man besucht **TOP TIPP** zuvor die ganz in der Nähe liegende Markthalle, genannt **Mercado Libertad** 12 (Javier Mina/Calzada Independencia), in der an Hunderten von Ständen ganztägig mit Obst, Gemüse, Heil- und Küchenkräutern, Lederwaren und Haushaltsgeräten, Kunsthandwerk und Lebensmitteln gehandelt wird.

Wer sich für die Arbeiten des größten Malers der Stadt und bekannten mexikanischen Muralisten interessiert, wird das **Museo Taller José Clemente Orozco** 13 (Aurelio Aceves 27, Tel. (01) 33/36 16 83 29, Mo–Sa 10–18, So 10–15 Uhr) besuchen, Orozcos ehem. Wohnhaus mit Atelier. Mehr als 100 seiner Werke sind hier ausgestellt.

In den herrschaftlichen Häusern von **Tlaquepaque**, der einstigen Sommerresidenz wohlhabender Mexikaner und heutigen Vorstadt von Guadalajara, unterhalten die besten *Kunsthandwerker* des Landes ihre Ateliers. Kein Straßenlärm stört beim Schauen und Kaufen, denn die Straßen Independencia und Juárez sind Fußgängerzonen. Eine Werkstatt reiht sich an die andere. Verkauft wird hochwertige Ware überwiegend von Frauen, die Männer arbeiten an Töpferscheiben, Schnitzbänken und Webstühlen.

ℹ️ Praktische Hinweise

Information

Delegación de Turismo (Jalisco), Calle Morelos 102 (Plaza Tapatía), Guadalajara, Tel. (01) 33/36 68 16 00, www.visita.jalisco.gob.mx

Oficina de Turismo, Monumento Los Arcos, Avenida Vallarta 2641, Guadalajara, Tel. (01) 33/36 16 91 50, http://vive.guadalajara.gob.mx

Hotels

*******Quinta Real**, Avenida México 2727/ Colonia Vallarta Norte, Guadalajara, Tel. (01) 33/36 69 06 00, www.quintareal.com. 78 Zimmer und Suiten im Hacienda-Stil, erlesenes Kolonialambiente. Hier fehlt es an nichts, und auch die Küche ist vorzüglich.

******Hotel De Mendoza**, Venustiano Carranza 16, Guadalajara, Tel. (01) 33/39 42 51 51, www.demendoza.com.mx. Komfortables Kolonialhaus mit Pool, zentrale Lage.

*****Francés**, Calle Maestranza 35, Guadalajara, Tel. (01) 33/36 13 11 90, www.hotel-frances.com. Im 17. Jh. erbauter Stadtpalast unter Denkmalschutz inmitten der traditionsreichen Altstadt.

Restaurants

Los Otates, Avenida México 2455, Guadalajara, Tel. (01) 33/36 30 28 55. Mexikanische Küche mit regionalen Spezialitäten.

La Destilería, Avenida México 2916, Guadalajara, Tel. (01) 33/36 40 31 10. Neue mexikanische Küche im Ambiente einer Tequila-Destillerie.

12 Laguna de Chapala

Der Chapala-See ist eingebettet in eine sanfte Hügellandschaft.

Die Laguna de Chapala, mit einer Länge von ca. 80 km und 25 km Breite, ist der größte See Mexikos. Schien er zur Jahrtausendwende immer weiter auszutrocknen, so erreichte er im Jahr 2008 lange nicht gesehene Höchststände.

Am Nordufer findet man eine Reihe von Ortschaften, die wegen der schönen

Lieder von Liebe und Leid – Mariachi

Auf der Plaza Garibaldi von Mexiko-Stadt ebenso wie auf der Plazuela de los Mariachis von Guadalajara oder beim abendlichen Restaurantbesuch – Trompetengeschmetter und süßer Geigenklang künden von der Liebe, dem Schmerz, den Eigenarten des weiblichen Geschlechts und der Schönheit Mexikos. Und so manchen mexikanischen Macho erspäht man dabei mit Tränen in den Augen. Die in schwarze Anzüge mit Silberknöpfen gekleideten Männer, mit breitem Sombrero oder hohem Stetson geschmückt, bringen bis zu zehn Instrumente zu rührseligem Klang: Trompeten, Gitarren, Akkordeon, Bass und Violinen sind immer dabei, oft kommt eine Harfe hinzu. Wichtigster Mann der Gruppe ist jedoch der inbrünstig vortragende Sänger. Gespielt wird auf Bestellung. Diese Musik soll aus Jalisco stammen und zum ersten Mal zum Geburtstag des Diktators Porfirio Díaz 1905 in der Hauptstadt gespielt worden sein. Der Name geht vermutlich auf das französische ›Mariage‹ zurück, da die Musik zunächst vorzugsweise bei Hochzeiten erklang.

Sanftes Hügelland umschmeichelt den weiten Chapala-See

Umgebung und des angenehmen Klimas (1500 m Höhenlage) eine zweite Heimat für pensionierte US-Amerikaner geworden sind.

Im Hauptort **Chapala** (40 000 Einw.) kann der Reisende ein paar erholsame Tage einlegen. Fischrestaurants in prächtigen Gärten mit Seeblick und zahlreiche Kunsthandwerksgeschäfte haben sich etabliert.

Das Städtchen **Ajijic** (15 000 Einw.) mit seinen vielen, in engen Gassen gelegenen Werkstätten, Läden und Galerien hat sich zu einem *Kunsthandwerkszentrum* entwickelt. In strahlendem Weiß überragt der barocke Turm der Parroquia das Städtchen. Jedoch sollte man vor dem Wochenende wieder weiterziehen, da dann ganz Guadalajara anzureisen scheint.

ℹ️ Praktische Hinweise

Hotel

***Real de Chapala**, Paseo del Prado 20, Ajijic, Tel. (01) 376/766 00 07, www.real dechapala.com. Hotel mit einem weitläufigen Garten am Seeufer.

13 Guanajuato

Ein ausgedehntes Tunnelsystem durchzieht die alte Bergwerksstadt.

Die Vergangenheit ist präsent in Guanajuato, der Hauptstadt des gleichnamigen Bundesstaates. Nach der Entdeckung von Gold- und Silberadern gründeten die Spanier 1529 hier, in einem engen Talkessel 375 km nordwestlich von Mexiko-Stadt, eine Siedlung. Diese wurde im 18. Jh., als sich mit der Ausbeutung reicher Silberadern der Wohlstand einstellte, großzügig ausgebaut. Die Topografie bestimmte die Stadtplanung. Statt rechtwinklig verlaufender Straßen gibt es hier viele ineinander verschachtelte Gassen. Die *Subterranea*, die ›Unterirdische‹, verläuft über viele Kilometer in einem trockengelegten Flussbett und in ehem. Minenschächten und geht – unter Brücken und Häusern hindurch – sogar in den Untergrund. 1989 wurden die Altstadt und die Bergwerksanlagen von der UNESCO zum Weltkulturerbe erklärt.

Bei Sonnenuntergang trifft man sich auf dem **Jardín de la Unión**, dem dreieckigen Hauptplatz der Stadt mit zahlreichen Straßencafés und offenen Restaurants. Im sinnenfrohen Churriguera-Stil erstrahlt die an der Südwestseite der Plaza gelegene Barockkirche San Diego, an der über hundert Jahre gebaut wurde (1663–1784).

Gleich gegenüber, vor der pompösen, klassizistischen Fassade des **Teatro Juárez** (Calle Sopeña), bieten Schuhputzer ihre Dienste an, Eisverkäufer haben Hochkonjunktur. Zu Beginn des 20. Jh. ließ sich der Diktator Porfirio Díaz dieses Theater erbauen. Bronzelöwen und die gewaltigen Säulen beeindrucken noch heute.

Treffpunkt der Besucher ist die an dem Jardín gelegene **Posada Santa Fé** (Jardín Unión 12, www.posadasantafe.com.mx), ein

Stattliche Bauten künden vom einstigen Reichtum der Bergwerksstadt Guanajuato

ehrwürdiges Gebäude, in dem ein Hotel sowie ein romantisches Café untergebracht sind. Nur wenige Querstraßen weiter südlich des Jardín liegt das **Museo Iconográfico del Quijote** (Manuel Doblado 1, Tel. (01) 473/732 67 21, http://museo iconografico.guanajuato.gob.mx, Di–Sa 10–18.30, So 10–14 Uhr), eine ungewöhnliche Sammlung von Zeichnungen, Teppichen, Keramiken und anderer Exponate unterschiedlicher Epochen, die allesamt die von *Miguel de Cervantes* geschaffenen Figuren darstellen. Zu den wertvollsten der ausgestellten Bilder gehören die von *Salvador Dalí*, *José Guadalupe Posada* und *Mario Orozco Rivera*.

Vom Jardín de la Unión klettert man enge Gässchen und breite Treppenaufgänge zur Universität hinauf, dem weithin sichtbaren Wahrzeichen der Stadt. Der **Universidad de Guanajuato** (www. ugto.mx) genannte Gebäudekomplex ging hervor aus einer Jesuitengründung des Jahres 1759. Erst zur Mitte des 20. Jh. erfolgte die staatliche Anerkennung als Hochschule und weitere Gebäude wurden im neobarocken Stil hinzugefügt.

Guanajuato ist der Geburtsort von *Diego Rivera* (1886–1957). Sein Geburtshaus, das **Museo Casa Diego Rivera** (Calle Pocitos 47, Tel. (01) 473/732 11 97, Di–Sa 10–19,

So 10–15 Uhr) ist heute dem Publikum geöffnet. Das Stadthaus mit dem umlaufenden Balkon im ersten Stock, mit zeitgenössischen Möbeln sparsam ausgestattet, beherbergt fünf Dutzend seiner Werke. Mittelpunkt ist eine Kopie des Wandbildes ›*Traum eines Sonntagnachmittags im Alameda-Park*‹, das Rivera 1948 für das Hotel del Prado in Mexiko-Stadt schuf. In diesem Mural versammelte der Maler um Frida Kahlo und sich selbst Figuren der Weltgeschichte, darunter Hernán Cortés und Maximilian von Habsburg.

Ein Muss jeder Stadtbesichtigung ist der Besuch der **Alhóndiga de Granaditas** (5 de Mayo/Mendizábal 6). Das gewaltige, festungsartige Gebäude, einst Getreidelager, dann Gefängnis, wurde während des *Unabhängigkeitskrieges* Schauplatz einer Rebellenschlacht: Im Inneren der Alhóndiga hatten sich die Spanier verschanzt, als am 28. September 1810 Juan José Martínez, ein junger Bürger der Stadt, genannt *El Pípila*, das Tor in Brand setzte. Hidalgo und seinen Männern war der Weg geebnet ins Innere des Bauwerks. Der für die Aufständischen siegreichen Schlacht folgte ein trauriges Ende. An den vier Ecken des Gebäudes wurden die Köpfe der später in Chihuahua hingerichteten Freiheitskämpfer der

Bevölkerung zehn Jahre lang zur Schau gestellt. Der Erinnerung an die Unabhängigkeitskriege ist das in der Alhóndiga untergebrachte **Museo Regional** (Tel. (01) 473/732 11 12, Di–Sa 10–18, So 10–15 Uhr) gewidmet. An die mutigen Pípila erinnert heute ein hoch über der Stadt, südwestlich an der *Carretera Panorámica,* errichtetes **Denkmal**, von dem aus man eine prachtvolle Sicht über die gesamte Ortschaft genießt.

In Mexiko hat man eine lockere Einstellung zum Tod. Nicht nur zu Allerheiligen und Allerseelen präsentiert man lachende Tote aus Zuckerguss und Totenschädel aus Pappmaché. Kein Wunder, dass die Bevölkerung das hiesige, beim Friedhof im Westen der Stadt gelegene **Museo de las Mómias** (Explanada del Panteón, tgl. 9–18 Uhr) schätzt. Vermutlich war es der mineralstoffhaltige Erdboden, der die einst hier begrabenen Toten so gut konservierte. In Glaskästen liegend, einige bekleidet, erwarten heute 119 Mumien die Besucher.

Ausflüge

Ein empfehlenswerter Abstecher führt zur Silbermine **La Valenciana**, 5 km nördlich von Guanajuato. Auf dem historischen Minengelände erhebt sich eine der schönsten und prächtigsten Kirchen des Landes: die *Iglesia La Valenciana*, ein 1780 vom Minenbesitzer im Stil des churrigueresken Barock erbautes Gotteshaus

Dramatischer Kampf um Unabhängigkeit in der Alhóndiga de Granaditas in Guanajuato

mit einer schier überwältigenden Fülle an Figurenschmuck.

Wenn man sich in Mexiko ein paar Cowboystiefel zulegen will, gibt es vermutlich keinen besseren Ort als das rund 50 km westlich von Guanajuato gelegene **León** (www.leon-mexico.com). Die Stadt ist das Zentrum der Leder verarbeitenden Industrie des Landes und verfügt darüber hinaus über einige sehenswerte Bauten aus der Kolonialzeit.

ℹ Praktische Hinweise

Information

Delegación de Turismo, Plaza de la Paz 14, Guanajuato, Tel. (01) 473/732 15 74, Fax (01) 473/732 42 51, www.guanajuato. gob.mx, www.rutasdeguanajuato.com, www.vamosguanajuato.com

Hotels

******Real de Minas**, Nejayote 17, Guanajuato, Tel. (01) 473/732 14 60, Fax (01) 473/732 15 08, www.hotelsreal deminas.com.mx. Modernes Hotel auf dem Gelände einer ehem. Hacienda.

*****San Diego**, Jardín de la Unión 1/ Calle de Alonso, Guanajuato, Tel. (01) 473/ 732 13 00, Fax (01) 473/732 56 26, www. hotelsandiegogto.com.mx. Koloniales Haus in einzigartiger Lage am Zentralpark.

Hostal Casa Blanca, Pocitos 17, Guanajuato, Tel. (01) 473/733 41 18, www.hostal-casablanca.com. Zentral gelegene, einfache Herberge mit grünem Patio.

Restaurants

Casa de las Manrique, Juárez 116, Guanajuato, Tel. (01) 473/732 76 78. Hotelrestaurant mit erlesenem Ambiente.

Casa Valadez, Jardín de la Unión 3, Guanajuato, Tel. (01) 473/732 11 57. Mexikanische Gerichte am Zócalo.

14 Dolores Hidalgo

Hier begann Mexikos Kampf um die Unabhängigkeit von Spanien.

Der vor der Ankunft der Spanier von Chichimeken besiedelte Ort Cocomacán widersetzte sich den Konquistadoren sehr lange und konnte erst 1575 unterworfen und christianisiert werden.

Das Kolonialstädtchen war Wiege der mexikanischen Unabhängigkeit, als Gemeindepfarrer **Miguel Hidalgo y Costilla** am Abend des 15. September 1810 die Glocke seiner Kirche läutete und zum Kampf gegen die Spanier aufrief (›Grito de Dolores‹; s. S. 57). Schnell wuchs seine kleine Truppe auf 50 000 Männer, die – unter dem Banner der Jungfrau von Guadalupe [s. S. 28] – zunächst eine Bastion der Royalisten nach der anderen einnahmen. Hidalgo selbst und seine engsten Vertrauten wurden jedoch bald gefangen genommen und 1811 hingerichtet. Die Kämpfe gingen weiter und endeten

Festlicher Rahmen für den großen Tag – die Kirche von Dolores Hidalgo

erst elf Jahre später mit der Unabhängigkeit Mexikos.

Der Zentralplatz der Stadt, der **Parque Hidalgo**, ist umgeben von feinen Kolonialhäusern. Die **Parroquia de Nuestra Señora de los Dolores**, Versammlungsort und Wiege des Unabhängigkeitskampfes, stammt aus dem 18. Jh. Die Fassade der Kirche aus rosa Sandstein ist überreich mit Figuren und Dekor versehen. Auch die hölzernen Altäre sind Meisterwerke mexikanischen Kunstschaffens. Die Bronzestatue von Miguel Hidalgo, das **Monumento a Don Miguel**, wurde Ende des 19. Jh. zu Ehren des größten Sohnes der Stadt auf der Plaza aufgestellt.

Die zwei Museen des Ortes sind gleichfalls diesem historischen Thema gewidmet: Die **Casa de Don Miguel Hidalgo** (San Luis Potosí/Puebla, Di–So 10–18 Uhr) wurde 1779 erbaut und diente dem Pater 1804–10 als Wohnhaus. Das koloniale Bauwerk ist ausgestattet mit Möbeln der Epoche und zeigt Dokumente zum Kampf gegen die Spanier. Das **Museo de la Independencia** (Guanajuato, zwischen San Luis Potosí und Coahuila, nordwestlich der Plaza, Fr–Mi 9–17 Uhr) ist in einem Gefängnis des 18. Jh. untergebracht, dessen Insassen von Hidalgo befreit worden waren, und es besitzt neben Zeugnissen zur Unabhängigkeitsbewegung ausgesuchte Stücke der Volkskunst.

Seit der Zeit des mutigen Paters blüht in Dolores Hidalgo die **Töpferei** und viele Besucher verlassen die Stadt mit einer schönen und preiswerten Keramik.

ℹ Praktische Hinweise

Information

Delegación de Turismo, Plaza Principal 1, Dolores Hidalgo, Tel. (01) 418/182 11 64, www.doloreshidalgo.gob.mx

Restaurant

El Carruaje del Caudillo, Plaza Principal 8, Dolores Hidalgo, Tel. (01) 418/182 04 74. Regionale Küche.

15 San Miguel de Allende

Koloniales Kleinod und Künstlerdomizil unter Denkmalschutz.

Bereits zu Anfang des 20. Jh. erkannte man die kunsthistorische Bedeutung von

Kitsch oder Kunst? Auf jeden Fall auffallend – die Parroquia de San Miguel

San Miguel de Allende. Altspanische Patio-Häuser, barocke Kirchen und Paläste wurden 1926 unter **Denkmalschutz** gestellt und der gesamte Ort zum **nationalen Monument** erklärt. Seit 2008 gehört er zum Weltkulturerbe der UNESCO.

Die in 1900 m Höhe gelegene Stadt mit 80 000 Einwohnern, etwa 100 km östlich von Guanajuato, schmiegt sich an einen Felshang und wird vom Río Laja umflossen. Ganzjährig ausgeglichene Temperaturen, die angenehme Höhenluft und die Schönheit der Umgebung bieten hohe Lebensqualität. Pastellfarbene Kolonialhäuser, überwiegend aus dem 18. Jh., säumen die mit Blumen geschmückten Straßen. Amerikaweites Renommee genießt das *Instituto Allende*, eine ›Internationale Schule für Kunst, Kunsthandwerk und Spanisch‹, an der junge Leute aus allen Teilen der Erde studieren.

Die Gründung der Ortschaft erfolgte 1542: Unter Führung des Mönches Juan de San Miguel errichteten die Franziskaner hier eine Missionsstation. Spanische Konquistadoren wanderten zu und es erwuchs bald eine kleine Stadt, San Miguel el Grande. Die Ausbeute der nahen **Silberminen** bescherte prächtige Herrenhäuser und Stadtpaläste. Nach dem berühmtesten Bürger der Stadt, dem Freiheitskämpfer *Ignacio Allende* (1779–1811), wurde ihr im Jahre 1862 der heutige Name verliehen.

TOP TIPP Alle Wege beginnen an der stimmungsvollen **Plaza de Allende**. Das Herz der Stadt begeistert mit seinen tiefgrün schimmernden *Indischen Lorbeerbäumen* (Laurel de la India), die regelmäßig zurechtgestutzt werden. Sie stehen eng beieinander und bilden ein dichtes, Schatten spendendes Dach. Indianische Frauen bieten Kunsthandwerk zum Verkauf an, Eisverkäufer scharen ihre kleine Kundschaft um sich. Der Platz ist umgeben von kolonialen Prachthäusern und Palästen, Mittelpunkt ist wieder eine Pfarrkirche: Die **Parroquia de San Miguel**, im späten 17. Jh. erbaut, leuchtet weithin sichtbar in rosafarbenen Schattierungen. Um den Umbau (ab 1890) ranken sich zahlreiche amüsant-boshafte Geschichten. In einer davon heißt es, der Architekt, ein indianischer Maurer namens Ceferino Gutiérrez, habe sich inspirieren lassen von europäischen Gotteshäusern, die er auf Ansichtskarten studiert hatte. Und besonders angetan sei er vom Kölner Dom und vom Ulmer Münster gewesen …

Gegenüber der Kirche, in einem äußerlich streng wirkenden Herrenhaus mit barocken Stilelementen, wurde der bekannteste Sohn der Stadt, Ignacio Allende, geboren. Das Eckhaus mit einer Statue Allendes in der Fassade lohnt die Besichtigung, denn es beherbergt das **Museo Casa de Allende** (Di–So 10–16 Uhr). Neben Artefakten aus Mexikos vorkolumbischer Epoche zeigt man zahlreiche Ausstellungsstücke zur Geschichte des mexikanischen Unabhängigkeitskampfes, in dem der Freiheitsheld Allende als Anführer des Heeres der Aufständischen eine bedeutende Rolle spielte.

Das **Instituto Allende** (Ancha de San Antonio 22, Tel. (01) 415/152 01 90, www.instituto-allende.edu.mx), das bekannteste Kulturinstitut der Stadt, ist untergebracht in der **Casa de la Solariega** aus dem Jahre 1734, einst Sitz der Grafen von Canal.

Zurück zum Parque Central: An der Nordwestecke, wo die **Calle Canal** beginnt, sieht man eines der prächtigsten Häuser der Stadt, die **Casa del Conde de la Canal**. Die barocke Fassade aus dem 18. Jh. wurde später durch neoklassizistische Elemente ergänzt.

Der Calle Canal folgend, trifft man an der Ecke zur Hernández Macías auf eine ehemalige Klosteranlage aus dem 18. Jh., der **Convento de la Concepción**. Auch dieses ehrwürdige Gebäude mit herrlichen Arkadengängen um den großen Innenhof beherbergt eine Kunstschule, *El Nigromante* genannt. Besichtigen lässt sich nicht nur das einstige Kloster, sondern auch die Kirche daneben mit ihrer imposanten Kuppel – von einer Marienstatue gekrönt – und einigen Bildern des berühmten Malers *Miguel Cabrera*. Um den Kreuzgang des Klosters liegen mehrere Kunstgalerien.

Schließlich lohnt ebenfalls im Zentrum in der *Avenida San Francisco El Relox* (an der gleichnamigen Plaza) die **Iglesia de San Francisco** einen Besuch. Die Kirche aus dem ausgehenden 18. Jh. verkörpert in hervorragender Weise den mexikanischen Churriguera-Stil und ist außen wie innen reich dekoriert.

Die Besichtigung des kolonialen Juwels San Miguel de Allende wäre unvollständig ohne einen Besuch der Kirche **San Felipe Neri** (18. Jh.) in der Calle Insurgentes. Man entdeckt an ihr zahlreiche Einflüsse der indianischen Handwerker, die von den Spaniern zum Bau verpflichtet wurden. Der Schatz des Gotteshauses sind rund drei Dutzend Bilder von *Miguel Cabrera*, die das Leben des mexikanischen Märtyrers Felipe Neri schildern.

ℹ Praktische Hinweise

Information

Oficina de Turismo, Plaza Principal 10, San Miguel de Allende, Tel. (01) 415/152 09 00, www.turismosanmiguel.com.mx

Hotels

****Casa Linda**, Mesones 101, San Miguel de Allende, Tel. (01) 415/154 40 07, www.hotelcasalinda.com. Spa-Hotel im Stadtzentrum mit schönen Patios und Gärten. Kolonial möblierte Zimmer mit modernem Komfort; Wellness-Programm.

****La Fuente**, Ancha de San Antonio 95 (Ecke Callejón de San Antonio), San Miguel de Allende, Tel. (01) 415/152 06 29. Einfache Zimmer rund um einen hübschen Patio.

Restaurants

Café Las Musas, Hernández Macías 75, im Convento de la Concepción, San Miguel de Allende, Tel. (01) 415/152 49 46. Romantisches Café, einfache Gerichte.

La Fragua, Cuna de Allende 3, San Miguel de Allende, Tel. (01) 415/152 11 44. Einheimische Küche in einem grünen Patio, am Wochenende mit mexikanischer Livemusik.

16 Querétaro

Städtebauliches Juwel in 1850 m Höhe mit den schönsten kolonialzeitlichen Relikten.

Viele Tage könnte man sich in der blumengeschmückten Altstadt Querétaros mit ihren Klöstern und Palästen aufhalten. Von Lorbeerbäumen beschattete Plätze und unter Arkaden ruhende Restaurants laden ein. Und: Im Zentrum der schachbrettartig angelegten Stadt wandelt man fast überall auf historischen Spuren. 1996 wurden sie zum UNESCO-Weltkulturerbe erklärt.

Geschichte Von den Indianern des Otomí-Stammes zur Mitte des 15. Jh. gegründet, wurde Querétaro unter Moctezuma I. von den Azteken eingenommen. Seine Lage zwischen Mexiko-Stadt und den Bergbauzentren Guanajuato, San Luis Potosí und Zacatecas war verantwortlich dafür, dass die Spanier ihr Augenmerk auf diese Siedlung legten. 1526 wurde sie erstmals von der spanischen

Krone erobert, jedoch erst 1531 endgültig besiedelt.

Von hier aus verbreitete sich im Jahre 1810 die Revolution – und es war eine Frau, die die Männer zu den Waffen rief: **Josefa Ortíz de Domínguez**, genannt **La Corregidora** (die Frau des Bürgermeisters), war gemeinsam mit ihrem Ehemann Mitglied der Verschwörergruppe um Pater Hidalgo. Als die beherzte Doña Josefa erfuhr, dass ihre Pläne verraten worden waren, übermittelte sie dem Pater eine Nachricht in das nahe gelegene Dorf Dolores. Hidalgo ließ noch am selben Abend (15. September) die Kirchenglocken läuten. »Es lebe Mexiko, es lebe die Jungfrau von Guadalupe!«, rief er im berühmten ›**Grito de Dolores**‹. Am nächsten Tag, bald einen Monat früher als geplant, schlugen die Aufständischen los [s. S. 53].

Besichtigung   Das Haus von Doña Josefa, die **Casa de la Corregidora**, liegt an der prachtvollen **Plaza de la Independencia**. Alljährlich am 15. September tritt der Bürgermeister auf den Balkon und wiederholt den ›Grito de Dolores‹.

Östlich der Plaza Obregón (oder auch Plaza Principal), erhebt sich der **Convento San Francisco** (Corregidora Sur 3). Das würdevolle Bauwerk ist eines der ältesten des Landes. 1540 erfolgte die Gründung des Klosters, 300 Jahre später fungierte es als Hospital. Heute beherbergt das Renaissance-Bauwerk das **Museo Regional de Querétaro** (Tel. (01) 442/212 20 31, Di–So 10–19 Uhr). Neben präkolumbischen Artefakten und historischen Fotografien enthält das Museum auch die Urne der Bürgermeistersfrau Doña Josefa.

Das **Teatro de la República** (Juárez/Ángela Peralta) ist jedem mexikanischen Schulkind vertraut: 1854 erklang hier erstmals die mexikanische Nationalhymne. Vergoldete Schriftzüge erinnern an die Männer, die 1917 im Theater die neue mexikanische Verfassung erarbeiteten.

Die **Iglesia Santa Clara** (Madero/Allende; 17. Jh.) – zwischen zwei schönen Plazas stehend – blendet im Inneren durch ihre barocke Pracht. Beachtenswert sind die churrigueresken Seitenaltäre.

Wahrzeichen Querétaros ist der am östlichen Stadtrand gelegene, 1,5 km lange **Acueducto**: Von 1726 bis 1735 dauerten die Arbeiten an den insgesamt 74 und bis zu 30 m hohen Rundbögen, die die Wasserversorgung in kolonialen Zeiten sicherten. Mit Eintritt der Dunkelheit wird das intakte Bauwerk (allerdings ohne

Man wähnt sich in Spanien – koloniale Beschaulichkeit an der Plaza Obregón in Querétaro

Wasser) heute malerisch beleuchtet. Am besten, man unternimmt einen Bummel zum Endpunkt von ›Los Arcos‹, dem auf einem Hügel, einige Minuten außerhalb des Zentrums, gelegenen **Convento de la Cruz**. Das trutzige Bauwerk mit sieben Innenhöfen diente Kaiser Maximilian als Residenz. Später wurde ihm der Bau zum Gefängnis. Auf dem **Cerro de las Campanas**, dem nordwestlich der Stadt gelegenen ›Hügel der Glocken‹, wurde der unerwünschte Monarch am Morgen des 19. Juni 1867 hingerichtet.

ℹ **Praktische Hinweise**

Information

Oficina de Turismo, Calle Pasteur Norte 4, Querétaro, Tel. (01) 442/238 50 67, www.queretaro.travel

Hotels

***Holiday Inn Centro Histórico, 5 de Febrero 110/Ecke Niños Héroes, Querétaro, Tel. (01) 442/192 02 00, www.holiday-inn.com/queretaromex. Koloniales Haus mit Pool im Garten, Tennis und Fitnesscenter.

*Hotel Emperador, Corregidora Sur 240, Querétaro, Tel. (01) 442/213 23 35, www.hemperador.com. Am Rande der Innenstadt gelegenes modernes Haus. Der weitläufige Garten lockt mit einem großen Pool.

Im Norden –
per Eisenbahn zur Kupferschlucht

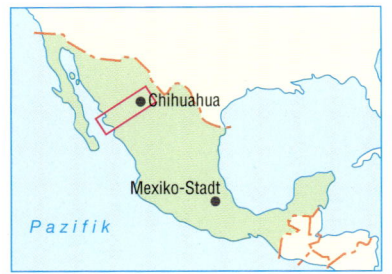

Westlich von Chihuahua erstreckt sich die **Sierra Madre Occidental**, eine der letzten ursprünglichen Landschaften Mexikos, durchzogen von kilometertiefen Schluchten. Das Bergland ist abgelegen genug, um Heimat zu sein für etwa 60 000 **Tarahumara-Indianer**, die bis heute wie ihre Vorfahren als (Halb-)Nomaden leben .

Die Spanier interessierten sich zur Zeit der Eroberung kaum für den unwirtlichen Norden. Zwar gründeten einige Padres auch hier Missionsstationen, doch erst im 20. Jh. wurde der Norden nachhaltig von Siedlern bevölkert. **Viehzucht** geriet zum einträglichen Geschäft und heute stammen Obst, Gemüse und Weizen aus bewässerten Gebieten im Nordwesten. Von **Chihuahua**, einem wirtschaftlichen Zentrum des Nordens, hinunter nach **Los Mochis** am Pazifik führt Mexikos schönste **Eisenbahnstrecke**, quer durch die unwegsame Sierra Madre Occidental, vorbei an der **Barranca del Cobre**, dem Kupfer-Cañon, einem System von Schluchten wie aus dem Bilderbuch des Wilden Westens.

17 Von Los Mochis nach Creel

Los Mochis ist idealer Startpunkt einer abenteuerlichen Zugfahrt.

Arizonas Grand Canyon ist zwar berühmter, aber die **Barranca del Cobre**, Mexikos Kupferschlucht, ein in Jahrmillionen entstandenes, 26 000 km² großes, von Felsschluchten durchzogenes Bergland, ist mindestens genauso schön. Die Barranca del Cobre besteht eigentlich aus mehreren steil abfallenden Cañons, darunter die **Cañons del Cobre**, **Urique** und **Tararecua**.

Die bequemste und zugleich aussichtsreichste Art, diese urwüchsige Landschaft zu erleben, ist eine Fahrt mit dem Zug **Chepe**. Seine Großraumabteile haben verstellbare Sitze mit Platz für Tabletts. Für das leibliche Wohl sorgen mehrere Kellner. Binnen 14 Stunden fährt er durch ständig wechselnde Landschaften und alle Klimazonen der Erde. Reisende haben die Möglichkeit, in mehreren Ortschaften und Siedlungen der **Tarahumara** auszusteigen und eine Übernachtungspause einzulegen.

Tiefe, unwirtliche Schluchten fernab aller Zivilisation – die Barranca del Cobre ▷

Ausgangspunkt für die 655 km lange Eisenbahnstrecke nach Chihuahua ist die moderne Stadt **Los Mochis** (245 000 Einw.), 25 km vom Pazifikhafen Topolobampo entfernt und inmitten üppiger Weidegebiete gelegen.

Durch subtropische Vegetation bahnt sich der Zug seinen Weg, vorbei an Zuckerrohrfeldern, Feigen- und Orangenplantagen, Palmen und meterhohen Kakteen. Langsam verändert sich die Szenerie, zwischen Eichen und Kiefern stürzen Wasserfälle ins Tal. Nachdem der El-Descanso-Tunnel durchfahren ist – mit 1829 m der längste der Strecke –, wird die Landschaft immer dramatischer. Die Bergwelt der **Sierra Madre** ist erreicht. Die Wagen des Zuges rattern durch wild zerklüftete Täler, entlang steiler Schluchten, über hohe Brücken und immer wieder durch Tunnel.

Das in 1600 m Höhe gelegene Dorf **Cerocahui**, bewohnt von vielen Tarahumara-Familien, liegt in herrlicher Umgebung am **Cañon de Urique**. Man erreicht den Ort von der Bahnstation **Bahuichivo** aus. Das Hotel **Misión** [s. S. 60] lässt seine Gäste vom Bahnhof abholen.

Mit einem schon etwas in die Jahre gekommenen Kleinbus geht es über abenteuerliche Wege zu dieser rustikalen Unterkunft, unmittelbar neben der Jesuitenkirche gelegen.

Von Bahuichivo führt die Eisenbahnstrecke in Serpentinen zum 2250 m hoch gelegenen Aussichtspunkt **Divisadero Barrancas** hinauf. Hier halten alle Züge für 20 Minuten und wer nicht aussteigt, um die Landschaft näher zu erkunden und zu übernachten, hat zumindest Gelegenheit, die gut 1000 m tiefen **Felseinschnitte** zu bestaunen. Will man das grandiose System der Barrancas bei Sonnenuntergang genießen, zieht man in das am Rande der Schlucht gelegene **Hotel Divisadero Barrancas** [s. S. 60]. Wenn man auf engen Pfaden zum Fluss hinuntersteigen und vielleicht auch verlassene **Kupferminen** aufsuchen möchte, ist man gut beraten, sich hier einige Tage einzuquartieren.

Eine Kiefernlandschaft kündigt bei der Weiterfahrt den höchstgelegenen Ort der Strecke an: In Los Ojitos ist der Pass erreicht. Das Städtchen **Creel**, in 2460 m Höhe gelegen, gilt als Siedlungsgebiet

der Tarahumara und ist Zentrum der Holz verarbeitenden Industrie. Aus einer Missionsstation der Jesuiten hervorgegangen, zeigt der Ort heute eher Wildwest-Ambiente und besteht überwiegend aus schlichten Bretterbuden, Bürgersteigen aus Holzplanken, rustikal aussehenden Kneipen und einigen einfachen Gästehäusern. Bewaffnete Gesetzeshüter, die mit blank geputzten Cowboystiefeln lässig umherstolzieren, verstärken den abenteuerlichen Eindruck. Nach einem Regenguss verwandeln Kleinlastwagen die staubigen Straßen in Matsch.

Die **Umgebung** von Creel bietet sich für *Wanderungen* an. Zahlreiche Touristen verlassen hier den Zug, um im Hotel **Parador de la Montaña** ein paar ruhige Tage einzulegen. Die Betreiber bieten einen kostenlosen Busdienst zum Cañon und beraten bei Touren in die Umgebung, z. B. zur **Laguna Arareco**, zu heißen Quellen oder nach **Gonogochic**, ins ›Tal der Götter‹. Wer gut zu Fuß ist, wandert hinunter in die **Barranca del Cobre**. Die schweißtreibende Trekkingtour sollte in Begleitung eines Führers unternommen werden. Rund vier Tage kann man veranschlagen für den Ausflug entlang des **Río Ignacio**, der hinunter auf 1250 m Höhe führt.

ℹ Praktische Hinweise

Information
Ferrocarril Chihuahua al Pacífico, Méndez/24 Calle, Chihuahua, Tel. (01) 614/

Ein eindrucksvolles Erlebnis ist die Fahrt durch die Barranca del Cobre

4397212, www.chepe.com.mx. Fahrpreis 1. Klasse Los Mochis – Chihuahua ca. 1700 Pesos.

Hotels
*****Plaza Inn**, Los Mochis, Leyva/Cárdenas, Tel. (01) 668/8160809, www.plazainn hotel.net. Modernes Hotel im Zentrum mit der beliebten Sport Bar Champs.

****Hotel Divisadero Barrancas**, Mirador 4516, Residencial Campestre, Chihuahua, Tel. (01) 614/4151199, www. hoteldivisadero.com. Rustikales Haus mit herrlicher Aussicht.

***Mansión Tarahumara**, Divisadero Barrancas, Tel. (01) 614/4154721, www. mansiontarahumara.com.mx. Herberge im Stil eines Schlosses mit Blick auf die Kupferschlucht.

***Plaza Mexicana**, Calle Chapultepec, Creel, Tel. (01) 635/4560245, www. hoteles-margaritas.com. Sehr komfortable Zimmer, Abholung vom Zug.

Misión, Cerocahui, Tel. (01) 668/8187046, www.hotelmision.com. Schönes Hotel. Zimmer mit Balkendecken und Bruchsteinmauern, in der Lobby wärmt ein Kamin.

Parador de la Montaña, Calle Principal, Creel, Tel. (01) 635/4560023, www.hotelparadorcreel.com. 48 komfortable Zimmer vor prächtiger Bergkulisse.

18 Chihuahua

Cowboystiefel und Stetson gehören hier zum Stadtbild.

Die Hauptstadt des größten und gleichnamigen Bundesstaates ist die wirtschaftliche und kulturelle Metropole des Nordens. In den unruhigen Zeiten der *Freiheitskämpfe* war das im Jahre 1709 gegründete Chihuahua eine Hochburg der Aufständischen. Hier ließen die Spanier im Jahre 1811 Miguel Hidalgo und Ignacio Allende sowie einige ihrer Gefährten hinrichten [s. S. 54]. Und in der Stadt kam Francisco Villa zur Welt, später wegen seines Bauches ›Pancho‹ genannt, eine der schillerndsten Figuren der Revolution von 1910.

Obwohl Chihuahua (750 000 Einw.) über viele spanische Bauwerke verfügt, unterscheidet sich die Atmosphäre doch von der anderer Kolonialstädte. An Wochenenden und Feiertagen weht ein Hauch des ›Wilden Westens‹ durch die Altstadt. Dann reisen die Viehzüchter von ihren Farmen an, honorige Herren im Bonanza-Outfit mit Cowboyhut und gewienerte Lederstiefel schlendern durch die Straßen.

Die **Plaza Central** wird überragt von der **Catedral Metropolitana** (1725–1826), deren verzierte Fassade und zwei mächtige Glockentürme Zeugnis ablegen von der Steinmetzkunst des 18./19. Jh. Der Hauptaltar besteht aus dunklem Canterastein, ein anderer Altar von 1920 aus Carraramarmor. Die gewaltige Orgel wurde aus Deutschland importiert.

Der Haupteingang zum **Palacio del Gobierno** liegt in der Avenida Aldama gegenüber der Plaza Hidalgo. Das Bauwerk steht auf dem Gelände einer ehem. Jesuitenmission. Im zentralen Innenhof markiert ein Altar jene Stelle, an der Miguel Hidalgo erschossen wurde, und das *Museo de Hidalgo* im Erdgeschoss erinnert an den Freiheitskämpfer. *Murales* von *Arón Piña Mora* illustrieren die wechselvolle Geschichte des Bundesstaates.

Nördlich befindet sich das **Museo Casa Chihuahua** (Ecke Carranza/Libertad, Mi–Mo 10–17 Uhr). Es befindet sich im prächtigen, 1906 erbauten *Palacio Federal* und führt den Besucher mittels Dioramen und Schautafeln durch die Wüsten, Gebirge und Ebenen des Staates Chihuahua.

An der südlich verlaufenden Parrallelstraße steht der Turm **Calabozo de Hidal-** go (Av. Juárez s/n, esq. Av. Vicente Guerrero, Di–So 9–19 Uhr), in dem Hidalgo kurz vor seiner Hinrichtung (1811) festgehalten wurde. Auch er ist dem Gedenken des Priesters gewidmet. Folgt man der Av. Juárez einige Meter weiter, so gelangt man zum **Museo Casa de Juárez** (Av. Juárez/5a Calle; tgl. 9–15, 16–18 Uhr). In jenem Gebäude, das 1826–92 als Regierungspalast und 1864–66 zugleich als Wohnsitz von Benito Juárez diente, präsentiert es Dokumente und andere Memorabilia des gefeierten Präsidenten Mexikos.

Sie leben nach ihren eigenen Gesetzen und Riten – die Tarahumara-Indianer

In die fremde Welt der Tarahumara

60 000 **Tarahumara** leben als Halbnomaden in den kaum zugänglichen Wäldern der Sierra Madre, im Sommer sind sie Bauern und Viehzüchter, den Winter verbringen sie meist in ihren Höhlenwohnungen in tiefer gelegenen Schluchten. Christliche Missionare waren bei diesem Indiostamm nicht sehr erfolgreich. Die Tarahumara verehren nach wie vor ihre alten Götter. Religiös begründet ist auch ihr **Peyote-Kult**, der Genuss eines Halluzinogens, das aus einem – als heilig angesehenen – Kaktus gewonnen wird. (Die Droge ist in Mexiko nur den Indianern erlaubt.)

Die Tarahumara nennen sich selbst **Rarámuri**, nämlich ›Fußläufer‹, und stärken durch ständiges Lauftraining ihre Kondition. Traditionell veranstalten sie zum Erntedankfest einen 200-km-Lauf, bei dem die Läufer zusätzlich einen Holzball mit dem Fuß vorantreiben.

Die prächtige Fassade der Catedral Metropolitana von Chihuahua bewunderte einst wohl auch Revolutionsführer Pancho Villa

Südöstlich des Stadtzentrums findet sich ein architektonisches Schmuckstück, die **Quinta Gameros** (Paseo Bolívar 401, Tel. (01) 614/410 54 74, www.ccu.uach.mx, tgl. 11–14 und 16–19 Uhr). Sie ist ein wunderschönes Beispiel des mexikanischen Jugendstil. Nicht minder sehenswert ist die perfekt mit dem Äußeren korrespondierende Inneneinrichtung.

An die revolutionäre Vergangenheit der Stadt erinnert das **Museo Histórico de la Revolución Mexicana** (südwestlich der Innenstadt in Santa Rosa, 10 a Calle/Méndez, Mo–Sa 9–13 und 15–19, So 9–17 Uhr). Es befindet sich in jenem 50-Zimmer-Palast, in dem sich Villa 1914 mit seiner Armee aus Landarbeitern und Bauern, Banditen und Bürgern, der División del Norte, verschanzte. Seine Frau, nach der die Villa heute Quinta Luz genannt wird, wohnte hier bis zu ihrem Tod 1986. Im Hof steht der von Einschusslöchern übersäte Wagen, in dem Villa 1923 erschossen wurde.

Praktische Hinweise

Information

Oficina de Turismo, Patio Central, Palacio del Gobierno, Calle Libertad/V. Carranza (gegenüber vom Plaza Hidalgo), Chihuahua, Tel. (01) 614/429 35 96, www.ah-chihuahua.com

Hotels

*******Westin**, Avenida Barranca del Cobre 3211, Chihuahua, Tel. (01) 614/429 29 29, www.westinsoberano.com. Erstes Haus am Platz mit einer spektakulären Lobby und einem schönen grünen Gärten.

******Sicomoro**, Bulevar Ortiz Mena 411, Chihuahua, Tel. (01) 614/214 25 00, www.sicomoro.com, Zweistöckiges modernes Haus mit zwei Restaurants, Pool vorhanden.

Restaurant

El Bigote Italiano, Lateral Periferico Ortiz Mena 1800, Chihuahua, Tel. (01) 614/416 83 99. Täglich frische Pasta, dazu Fischgerichte und Geflügelspezialitäten.

Baja California – Kinderstube der Wale

Niederkalifornien wird die 1150 km lange **Halbinsel** genannt, die wie ein langer Finger ins Meer ragt, an kaum einer Stelle mehr als 100 km breit. Eine asphaltierte Straße erschließt die Landzunge. Von Tijuana im Norden bis nach Cabo San Lucas im äußersten Süden verläuft die 1700 km lange MEX 1, **Carretera Transpenínsular** genannt. Für passionierte ›Off-Road‹-Fahrer gibt es noch immer zahlreiche Schotterpisten, die zu verlassenen Missionsstationen der Jesuiten, zu aufgegebenen Minen und prähistorischen Höhlenmalereien führen. Die **Strände** von Baja California sind hell und feinsandig, oft menschenleer.

Für Geologen und Biologen steckt die karge Halbinsel voll abenteuerlicher Entdeckungen: Vor Millionen von Jahren wurde sie vom westmexikanischen Festland abgetrennt. In der Folge entwickelten sich **Fauna** und **Flora** weitgehend eigenständig. Man findet Tiere und Pflanzen, die es nur hier gibt, wie den Cirio-Baum, dessen dürre und obendrein kahle Zweige bestens den klimatischen Bedingungen angepasst sind.

19 Tijuana

Ein Dorado für US-Amerikaner auf Wochenendtrip, eine Art ›mexikanisches Las Vegas‹.

Tijuana mit seinen fast 1,7 Mio. Einwohnern liegt unmittelbar an der US-amerikanisch-mexikanischen Grenze und verfügt über den vermutlich am meisten frequentierten **Grenzübergang** der Welt. Da man ihn vom kalifornischen San Diego mit der Straßenbahn erreicht, hat sich unmittelbar jenseit der Grenze ein ausgedehntes, ganz auf den US-amerikanischen Massengeschmack ausgerichtetes Vergnügungsviertel entwickelt. So trägt die Avenida Revolucion ihren Na-

Schauplatz oft dramatischer illegaler Einwanderungsversuche in die USA: Tijuana

men ›Längste Bar der Welt‹ durchaus zu Recht. Rund um die Uhr kann man hier einkaufen, Tapas verzehren oder sich in Diskos und Table-Dance-Bars amüsieren.

Nordwestlich der Avenida Revolucion erstreckt sich mit der Zona Norte der Rotlichtbezirk Tijuanas, ihn sollte man tunlichst meiden. Interessanter ist da schon der **Mercado Miguel Hidalgo** (Independencia/Guadalupe Victoria, tgl. 7–19 Uhr), der größte Markt der Stadt unter freiem Himmel. Man erreicht ihn vom Süden der Av. Revolucion in ca. 2,5 km über den Cañón Johnson. Besonders in Mexiko hergestellte Lederwaren und Kleidungsstücke werden dort verkauft.

Folgt man der Johnson ungefähr noch einmal so weit, so kommt man zum mexikanischen Weinkeller **Cava de Vinos L. A. Cetto** (Cañón Johnson 2108/Col. Hidalgo, Tel. (01) 664/685 30 31, Mo–Fr 10–12 und 15–17 Uhr), der seinen Besuchern eine Besichtigung der Abfüllanlagen mit Weinprobe und Verkauf bietet.

Östlich der Avenida Revolucion verläuft der **Paseo de los Héroes**. Auch ihn säumen ungezählte Lokale und Bars, allerdings stößt man hier auf deutlich weniger US-Amerikaner. Eine Alternative zur Kneipentour ist das **Centro Cultural Tijuana** (Paseo de los Héroes/Mina, in der Zona Río, Tel. (01) 664/687 96 50, www.ceut.gob.mx, Di–So 10–18.30 Uhr), eine gewaltige Betonkugel mit einem 180-Grad-Kino und dem *Museo de Las Californias* zur Regionalgeschichte. Außerdem gibt es zahlreiche Hallen mit wechselnden Ausstellungen zu Folklore und Kunst. Ein Restaurant, ein Café und eine Buchhandlung stehen ebenfalls zur Verfügung. An das Kulturzentrum schließt sich ein kleiner Park an, dessen Wege authentische Essstände säumen.

Außerhalb des Stadtzentrums kann man im **Hipodromo Caliente** (Bulevar

Agua Caliente 12027, Tel. (01) 664/633 73 00, www.caliente.com.mx), 1929 für Pferderennen erbaut, Windhunderennen beobachten.

Praktische Hinweise

Information

Oficina de Turismo, Avenida Revolución zwischen Calle 3 und 4, Tijuana, Tel. (01) 664/685 22 10, www.seetijuana.com

Hotel

******Real del Río**, José María Velasco 1409 (Zona Río), Tijuana, Tel. (01) 664/634 31 00, www.realdelrio.com. Hotel in ruhiger Lage außerhalb des Zentrums.

Restaurant

La Cantina de Los Remedios, Paseo de los Héroes/Diego Rivera 19 (Zona Río), Tijuana, Tel. (01) 664/634 30 65, www.losremedios.com.mx. Mexikanische Küche mit Mariachi-Musik.

20 Guerrero Negro

TOP TIPP *Salz prägt die gesamte Umgebung. Besucher kommen zur Walbeobachtung auf die Frühstücksterrasse.*

Die Fahrt nach Süden führt über **Ensenada** zunächst an der Westküste entlang, bei **El Rosario** wendet sich die Straße ins Landesinnere. Der dann folgende 120 km lange Abschnitt bis **Cataviña** bildet einen Höhepunkt der Reise, führt er doch durch ein Zauberland der *Kakteen* und *Wüstenflora*. Meterhoch ragen die Pflanzen zwischen den Felsen auf. Das lang gezogene Straßendorf **Guerrero Negro** am Pazifik entstand aus einer Siedlung für die Firma *Exportadora de Sal*, die größte **Saline** der Welt.

Südlich der Stadt liegt der **Parque Natural de la Ballena Gris**. Dieser Nationalpark dient dem Schutz der 40 t schweren und bis zu 20 m lange **Grauwale**, die 8000 km zurückgelegt haben, um von der Beringsee in Alaska in die planktonreichen Gewässer von Baja California zu gelangen. Zwischen Dezember und März versammeln sich in der dortigen **Laguna Ojo de Liebre** (auch Laguna de Scammon) Hunderte von Walen zur Fortpflanzung. Das stark salzhaltige Wasser sorgt dafür, dass die Neugeborenen, die zunächst noch nicht schwimmen können, an die Meeresoberfläche getrieben

Salz malt abstrakte Bilder – bei La Laguna

Die Missionare wussten schon, wo es am schönsten ist – in der Oase San Ignacio

und dort von den Müttern besser versorgt werden. Die gewaltigen Tiere sind friedfertig und man kann sich ihnen in kleinen Booten gefahrlos nähern.

Nördlich der Stadt verläuft der *28. Breitengrad* (Paralelo 28), die Grenze zwischen den Bundesstaaten Baja California Norte und Sur sowie zwei Zeitzonen; an der MEX 1 durch einen 35 m hohen Stahladler gekennzeichnet.

ℹ Praktische Hinweise

Walbeobachtung

Laguna Ojo de Liebre, 3 km südlich von Guerrero Negro zweigt von der Transpenínsular eine Schotterstraße (30 km) nach Westen zur Lagune ab, für Pkw geeignet.

Hotels

***Hotel Los Caracoles**, Calzada de la República, Guerrero Negro, Tel. (01) 615/ 157 10 88, www.hotelloscaracoles.com.mx. Schönes Hotel mit komfortablen Zimmern.

****Desert Inn**, Paralelo 28, Guerrero Negro, Tel. (01) 615/157 13 04, www.desertinns.com/guerreronegro. Schöne Anlage mit

schattigem Innenhof. Dez.–Febr. Walbeobachtung.

Restaurant

Malarrimo, Bulevar Zapata, Guerrero Negro, Tel. (01) 615/157 01 00, www.malarrimo.com. Vorzügliches Fischrestaurant, sehr beliebt.

21 San Ignacio

Die 1728 von den Jesuiten gegründete Siedlung ist von Dattelpalmenhainen umgeben und birgt hübsche koloniale Gebäude.

Von Guerrero Negro aus verläuft die MEX 1 wieder landeinwärts, durch Kakteensteppe und das Braun-in-Braun der Landschaft. Auf dem Weg nach Santa Rosalía, von der West- zur Ostküste der Halbinsel, passiert man das kleine palmengeschmückte Oasenstädtchen San Ignacio, eine willkommene Abwechslung zu der kargen und heißen Landschaft. An der Plaza liegt die historische **Missionskirche** (1786) – sie gilt als die schönste der Halbinsel –, umgeben von weiteren spanischen Bauwerken. Aus hellem Lavagestein ist die schlichte Jesuitenkirche erbaut. Lorbeerbäume spenden Schatten. Im Ort werden zwischen Januar und März Ausflüge zur **Laguna de San Ignacio** angeboten, wenn rund 2000 Grauwale dort Station machen, darunter viele zutrauliche Jungtiere, die nahe an den Schlauchbooten der Besucher vorbeischwimmen.

22 Santa Rosalía und Mulegé

An der Mündung des Río Santa Rosalía liegt die frühere Kupfersiedlung, heute Hafen für die Fähre nach Guaymas.

Im 19. Jh. betrieben die Franzosen in der Nähe des Städtchens **Santa Rosalía** (15 000 Einw.) eine **Kupfermine** und für die Ausfuhr des begehrten Metalls schufen sie den Hafen. So sieht die Stadt auch eher europäisch aus mit ihren Holzhäusern, spitzen Giebeln und großen Balkonen. In der Avenida Obregón steht die französische Kirche **Santa Barbara** (1897), in Frankreich von *Gustave Eiffel* entworfen und aus Eisenteilen vorgefertigt, dann per Schiff nach Mexiko verfrachtet und hier zusammengebaut. Reste der Lorenbahn, die von der Mine zum Hafen führte, sind ebenfalls noch zu entdecken.

Auf dem Weg nach Loreto passiert man das an der Ostküste gelegene **Mulegé**, dank seiner beschaulichen Atmosphäre inmitten einer Palmenoase eines der schönsten Städtchen von Baja California. Hier halten nur wenige Reisende, die einstöckigen Häuser mit ihren blumigen Patios sehen daher nur selten Besucher. Am

Grauwale aus nächster Nähe – zu beobachten bei Guerrero Negro

Fluss locken einfache Restaurants, fast alle spezialisiert auf Fischgerichte und Schalentiere, man sitzt im Freien.

23 Loreto

Ein geschichtsträchtiges Fischerdorf zwischen Meeresfluten und der Gebirgskulisse der Sierra de la Giganta.

An der Küste vor Loreto gingen im Jahre 1697 die ersten *Jesuiten* an Land. Unter Führung ihres Paters Juan María de Salvatierra gründeten sie eine Siedlung, die in wenigen Jahren zum Verwaltungssitz der Halbinsel wuchs. Von hier aus wagten sich die Mönche in noch unerschlossene Gebiete vor, gründeten 17 weitere Missionsstationen. 1776–1829 wurde Loreto gar zur Hauptstadt von Baja California. Dann zerstörte ein Hurrikan die Stadt und man ernannte La Paz zur neuen Kapitale.

Eingebettet in **subtropische Vegetation** ist Loreto (11 000 Einw.) der ideale Ort für Urlauber, die inmitten grandioser Natur das einfache Leben an einsamen Stränden genießen wollen. Mittlerweile boomt auch das Geschäft mit dem **Hochseeangeln**, die Gewässer gelten als Fanggründe für Merlin und Meerbrasse, Dorade und Thunfisch. An der **Plaza**, die ihren kolonialen Charakter allerdings durch Souvenirgeschäfte eingebüßt hat, steht die barocke **Missionskirche** aus dem Jahre 1697, mehrfach durch Erdbeben beschädigt und wieder aufgebaut. Daneben liegt ein kleines **Museum** (tgl. 9–16 Uhr) zur (Missions-) Geschichte von Baja California.

i Praktische Hinweise

Information
Oficina de Turismo, Madero/Savatierra, Palacio de Gobierno (Rathaus), Loreto, Tel. (01) 613/135 04 11, www.loreto.com, www.loreto.gob.mx

Hotels
***Camino Real Loreto Baja**, Bulevar Misión de Loreto, Loreto, Tel. (01) 613/133 00 10, www.loretobaja.com. Komfortables Strandhotel, 5 km südlich der Ortschaft. Hochseeangeln, Golf, Tauchen, Tennis.

Oasis, Malecón, Loreto, Tel. (01) 613/135 01 12, www.hoteloasis.com. An der Uferstraße gelegenes Hotel mit Pool, Restaurant und Bar. Hier kann man

La Paz – glanzvoller Ferienort mit einer Strandpromenade wie aus dem Bilderbuch

Hochseeangeln, mit dem Kanu fahren und Reiten.

24 La Paz

Die einstige Perlenmetropole der Welt ist heute Treffpunkt für Hochseeangler.

Noch immer klingt der Name der Stadt für viele großartig: La Paz (der Friede) weckt Erinnerungen an glanzvolle Zeiten, an Eroberer, Piraten und Glücksritter. Die **Hauptstadt** des Staates Baja California Sur (180 000 Einw.) erstreckt sich, umgeben von prachtvollen Palmenhainen, um eine sanft geschwungene Bucht des Cortés-Meeres.

La Paz verfügt über die schönste Uferstraße von Baja California. Palmengesäumt und fein hergerichtet gilt der **Malecón Alvaro Obregón** als Zentrum der Stadt, als Treffpunkt nicht nur am Abend; dann ist es allerdings besonders romantisch und für den Sonnenuntergang sollte man sich einen Platz suchen in einem der zahlreichen Cafés.

An der **Plaza Constitución** (auch Jardín Velazco genannt) liegt die **Catedral Nuestra Señora de la Paz**, deren Vorläuferin auf das frühe 17. Jh. zurückgeht. Ihre jetzige Gestalt in Form eines lateinischen Kreuzes erhielt die Kathedrale 1861 von den Dominikanern, äußerlich erinnert sie

jedoch an eine frühe Jesuitenmission. Die *Casa de la Cultura* (Ignacio Altamirano/ Constitución) beherbergt das **Museo de Antropología e Historia** (Tel. (01) 612/ 122 01 62, tgl. 9–18 Uhr), ein archäologisches Museum mit mehr als 1000 Funden von der südlichen Halbinsel. Vor dem Gebäude erstreckt sich ein kleiner **Jardín Etnobotánico**, ein botanischer Garten mit einheimischen Pflanzen.

ℹ️ Praktische Hinweise

Information
Módulo de Información Turística, Alvaro Obregón/Independencia, La Paz, Tel. (01) 612/122 59 39, www.vivalapaz.net

Hotels
******Los Arcos**, Avenida Alvaro Obregón 498/Rosales, La Paz, Tel. (01) 612/122 27 44, www.losarcos.com. Komfortable Cabañas mit Terrassen um einen grünen Innenhof sowie ein moderner Bau am Malecón mit Meerblick.

Pensión California, Santos Degollado 209 (zwischen Madero und Revolución), La Paz, Tel. (01) 612/122 28 96. Preiswerte Pension mit 23 Zimmern im Zentrum.

Restaurant
Bismark II, Altamirano/Degollado, La Paz, Tel. (01) 612/122 48 54. Spezialität: Fischgerichte und Schalentiere.

25 San José del Cabo

*Im ehemals verschlafenen Fischer-
dorf boomt der Tourismus.*

Die Südspitze der Baja California, von San
José del Cabo nach Westen in Richtung
Cabo San Lucas [Nr. 26], firmiert unter dem
Namen **Los Cabos**. Vor allem US-Amerika-
ner suchen hier Erholung.

Das moderne, ganz im Zeichen des
Tourismus stehende San José del Cabo
(48 000 Einw.) verströmt zumindest im
Stadtzentrum noch etwas mexikanisches
Flair. Dort säumen Arkaden im Kolonialstil
den **Parque Central**. Die Kirche im spanischen Stil entstand 1940 auf den Grundmauern der Missionskirche, die bereits im
19. Jh. im Krieg zwischen Mexiko und den
USA zerstört wurde. Vom Zentrum zieht
sich der **Bulevar Mijares** südlich – vorbei
an einem Golfplatz – etwa 2 km bis zum
Meer. An dieser Straße liegen die meisten
Restaurants der Stadt. Am Strand erheben
sich dann die großen **All-Inclusive-Ho-
tels** inmitten großzügiger Parks.

Ein besonderes Erlebnis ist es, zu
Pferde (Cuadra San Francisco, Tel. 624/
144 01 60, www.loscaboshorses.com) an
der Küste entlang oder durch das Hinter-
land zu reiten.

i Praktische Hinweise

Information

Oficina de Turismo, Bulevar Mauricio
Castro, Plaza San José, Locales 3 y 4,
San José del Cabo, Tel. (01) 624/142 33 10,
www.visitloscabos.travel

*Imposante Hotelbauten wie das Westin Los
Cabos säumen den Strand in San José*

Hotel

TOP TIPP *****Las Ventanas al Paraíso**,
km 19,5 Carretera Transpeninsular,
San José del Cabo, Tel. (01) 624/
144 28 00, www.lasventanas.com. Viel ge-
rühmte und wahrhaft paradiesische Lu-
xusoase bei El Tule (auf halber Strecke
zwischen Cabo San Lucas und San José).

Casa Natalia, Bulevar Mijares 4, San José
del Cabo, Tel. (01) 624/146 71 00, www.casa
natalia.com. Zauberhaftes Hotel mit indi-
viduell eingerichteten Zimmern nahe
der Innenstadt.

Restaurant

Damiana, Bulevar Mijares 8 (Plaza), San
José del Cabo, Tel. (01) 624/142 04 99.
Romantischer Innenhof, Spezialität sind
Meerestiere.

26 Cabo San Lucas

*Golfen, Hochseeangeln und
Sonnenbaden an der Südspitze.*

Zuerst kamen die **Hochseeangler** nach
Cabo San Lucas. Seit den 1950er-Jahren
fliegen wohlhabende US-Amerikaner
hierher, um ihren Hobbys zu frönen. Dann
folgten Jack Nicklaus und Robert Trent
Jones, die Päpste unter den **Golfplatz**-Ar-
chitekten. Sie entwarfen hier ihre Plätze
und hievten Cabo San Lucas (55 000
Einw.) auf die Weltkarte des grünen
Sports. Mit Beginn des 21. Jh. setzte dann
ein Bauboom sondersgleichen ein, in
dessen Zug die Küste um ein Hotel nach
dem anderen ›bereichert‹ wurde.

Während der Saison laufen fast täglich
Kreuzfahrtschiffe den **Hafen** von Cabo
San Lucas an. Dort liegen nicht nur Segel-

El Arco – der malerische Felsbogen wurde zum Wahrzeichen von ›Los Cabos‹

jachten und Boote der Hochseeangler vor Anker, auch Glasbodenboote und vor allem Ausflugsschiffe zu **El Arco** gibt es. Der Felsbogen im Meer, den man von vielen Stellen aus sieht und an dem auch die Fährschiffe vorbeifahren, ist zum Wahrzeichen der Region geworden: Er markiert ungefähr die Stelle, an der das Cortés-Meer mit dem Pazifik zusammen trifft. Außerdem kann man sich mit einem Wassertaxi zum **Lover's Beach** bringen lassen. Der schöne kleine Sandstrand liegt abgeschieden zwischen steil aufragenden Felsen und ist nur vom Wasser aus zu erreichen.

ℹ️ Praktische Hinweise

Nightlife

Cabo Wabo Cantina, Lazaro Cardenas/Vicente Guerrero, Tel. (01)624/1431188, www.cabowabocantina.com. Sammy Hagar, lange Jahre Sänger von Van Halen, betreibt diese Bar. Bei lauter Musik fließt der Tequila in Ströhmen ...

Hotels

*****ME Cabo** , Playa El Médano, Cabo San Lucas, Tel. (01) 624/1457800, www.solmelia.com. Luxushotel am Strand, 5 Minuten zu Fuß in die Stadt.

***Mar de Cortez**, Vicente Guerrero/Lazaro Cárdenas, Tel. (01)624/1430032, www.mardecortez.com. Die Zimmer sind in

kolonialem Stil gehalten, der große Pool verströmt tropisches Ambiente.

****Club Cabo**, Camino Viejo a San José, Cabo San Lucas, Tel. (01) 624/143 33 48, www.clubcabo.com. 10 Suiten mit Küche, dazu ein Campingplatz, 3 km östlich von Cabo San Lucas gegenüber dem Strand.

Restaurant

Baja Cantina, Bulevar Marina, Cabo San Lucas, Tel. (01) 624/143 15 91, www.bajacantina.com.mx. Beliebte Bar mit Grillspezialitäten.

... und abends tobt hier das Leben

Mexikos Westküste – Badeträume am Pazifik

Ein Film veränderte das Leben an Mexikos Westküste. 1963 drehte John Huston in Puerto Vallarta ›Die Nacht des Leguan‹. Richard Burton und Ava Gardner spielten die Hauptrollen in der Verfilmung des Tennessee-Williams-Klassikers. Die Presse berichtete ausführlich, sodass zahlreiche Stars sowie wohlhabende Geschäftsleute fanden, es sei an der Zeit, ein Ferienhaus in Mexiko zu besitzen. Heute locken neben berühmten Urlaubszentren wie **Acapulco** und trubeligen Strandparadiesen wie **Mazatlán** oder **Puerto Vallarta** aber auch noch immer ruhige Buchten.

27 Mazatlán

Wichtiger Hafen und beliebter Urlaubsort der Mexikaner.

Mazatlán ist mit seinen 550 000 Einwohnern nach Acapulco der zweitgrößte Pazifikort des Landes. Von Einheimischen und US-Besuchern wird Mazatlán schon lange als Badeparadies geschätzt. Ganzjährig tobt das touristische Leben an den kilometerlangen **Stränden** nördlich der Stadt. Dort, in der **Zona Dorada**, reihen sich die großen Hotels aneinander. Die **Altstadt** von Mazatlán mit ihrem spanischen Fort lohnt durchaus auch einen Besuch, ebenso das riesige **Aquarium** (Avenida de los Deportes 111, Tel. (01) 669/ 981 78 16, www.acuariomazatlan.gob.mx, tgl. 9.30–17 Uhr). Über den **Malecón**, der hier Paseo Claussen heißt, erreicht man den **Mirador**, Schauplatz einer gewagten Veranstaltung: Mutige junge Männer springen kopfüber vom Felsen in das Wasser der Bucht und ernten den begeisterten Applaus der Zuschauer.

Die **Umgebung** ist reich an subtropischen Lagunen, Heimat von seltenen Seevögeln, von Pelikanen und Reihern. **Tres Marías**, die drei Marias, nennen die Einheimischen einige kleine Inseln, auf denen man sich für ein paar Stunden wie Robinson Crusoe fühlen kann. Gegen ein Trinkgeld setzen Fischer über.

ℹ Praktische Hinweise

Information

Oficina de Turismo, Calle Carnaval/ Mariano Escobedo 1317, Mazatlán, Tel. (01) 669/981 88 83, www.sinaloa-travel.com, www.gomazatlan.com

Gewaltige Kreuzfahrtschiffe gehen im Hafen ▷ von Mazatlán vor Anker

Hotels

****Costa de Oro**, Av. Camarón Sábalo 710, Mazatlán, Tel. (01) 669/913 53 44, www.costaoro.com. Strandhotel mit 290 Zimmern, großer Pool, Tennisplätze, breites Wassersportangebot.

***La Siesta**, Olas Altas Sur 11, Mazatlán, Tel. (01) 669/981 26 40, www.lasiesta.com.mx. Hotel an der Uferstraße der Stadt, mit Meerblick, neuem Pool und schönem Patio.

Restaurant

Guadalajara Grill, Camaron Sabalo 335, Zona Dorada, Mazatlán, Tel. (01) 669/913 50 65, www.grupoandersons.com. Mexikanische Küche in schönem Ambiente. Viele Tequilasorten.

Mit Glück zu erspähen: elegante weiße Reiher

28 Puerto Vallarta

Traditioneller Badeort am Fuß der Sierra Madre.

Zu Recht gilt Puerto Vallarta (250 000 Einw.) als der ›mexikanischste‹ der vielen Badeorte. In der **Altstadt**, Viejo Vallarta genannt, spürt man nichts vom Trubel der Strände und Touristenhotels. Entlang der Kopfsteinpflastergassen reihen sich die weißen Häuser im altspanischen Stil, mit kleinen efeuberankten Balkonen und roten Tonziegeln. Schon *Richard Burton*

verliebte sich in diese Stadt und erwarb zusammen mit *Liz Taylor* ein Haus, von der Bevölkerung ›Gringo-Schlucht‹ genannt. In der Backsteinkirche Nuestra Señora de Guadalupe tauschten Burton und Taylor die Ringe.

Der Río Cuale teilt die Stadt. In der Mitte des – nicht immer Wasser führenden – Flusses liegt die kleine **Isla del Río Cuale**, über Brücken zu erreichen. Die lang gezogene Insel ist Touristenziel, denn dort haben sich Kunsthandwerksboutiquen, Modeläden und zahlreiche Kneipen und Restaurants etabliert. Immer ist irgendwo etwas los, spielt eine Mariachi- oder Jazzband, wird Straßentheater geboten.

An der **Bahía de Banderas**, der mit 40 km Ausdehnung größten Bucht Mexikos, liegen zahlreiche gut besuchte Strände. Zu den beliebtesten Treffpunkten nahe der Altstadt gehört **Los Muertos**, von Restaurants und Cafés gerahmt.

Ein Ausflug über das Wasser führt in das südlich gelegene Fischerdorf **Yelapa**, noch heute von Indianern bewohnt. Gern weist man den Weg zu drei Wasserfällen, bietet geführte Touren zu Pferd. Unter meterhohen Palmen versteckt liegen romantische Palapa-Restaurants in offener Bauweise, meist aus Holz errichtet und mit Palmblättern gedeckt. Bei Kerzenlicht speist man abends im stimmungsvollen Hotel **Lagunita de Yelapa** (Yelapa, Tel. (01) 322/209 50 56, www.hotel-lagunita.com).

Mismaloya, südlich der Stadt gelegen, wurde berühmt als Kulisse für ›Die Nacht des Leguan‹. Die in der Verfilmung des Theaterstückes von Tennessee Williams gezeigten Ruinen liegen einige Hundert Meter entfernt von den Palapa-Restaurants am südlichen Ende der Bucht.

ℹ Praktische Hinweise

Information

Oficina de Turismo, Zócalo, Palacio Municipal, Puerto Vallarta, Tel. (01) 322/223 25 00, www.visitpuertovallarta.com

Hotels

****Playa Los Arcos**, Olas Altas 380, Puerto Vallarta, Tel. (01) 322/226 71 01, www.playalosarcos.com. Am Stadtrand gelegenes, komfortables Hotel mit großem Pool. 160 Zimmer mit Balkon und Meerblick.

***Azteca**, Madero 473, Puerto Vallarta, Tel. (01) 322/222 27 50. Einfaches Haus im Zentrum mit freundlichem Service.

Lebendige Erinnerungen an den Film ›Die Nacht des Leguan‹

Restaurant

River Café, Isla Río Cuale 4, Puerto Vallarta, Tel. (01) 322/223 07 88, www.rivercafe.com. In dem Terrassenrestaurant auf der Insel im Fluss Cuale gibt es köstliche neue mexikanische Küche, darunter zahlreiche Fischspezialitäten.

29 Manzanillo

Hafenstadt mit einem Ferienkomplex der Luxusklasse.

Las Hadas, ›die Feen‹, nannte der bolivianische Zinn-Milliardär Antenor Patiño seine Hotelanlage. Eine Art Neuschwanstein, meinen Kritiker, eine extravagante Komposition nennen es die Befürworter. Neben maurischen Torbögen und gotischen Türmchen finden sich Wasserspiele, die an europäische Schlösser erinnern, sowie ein Jachthafen. Auch ein Golfplatz gehört zur Anlage, die so weiträumig ist, dass die Gäste sie nur selten verlassen.

Dabei lohnt das nahe Manzanillo durchaus einen Besuch. Die 150 000 Einwohner zählende Stadt liegt auf einer bergigen Halbinsel zwischen steil aufragenden Felswänden und einer weiten Lagune. Wenn man aufmerksam durch die Gassen bummelt, kann man Häuser entdecken, die aus Platzmangel in die Felswände hineingebaut wurden. Das schönste Gebäude der Stadt ist das ehrwürdige **Hotel Colonial** (siehe unten). Tagsüber staut sich der Verkehr in den engen Straßen. Abends trifft man am **Malecón** auf Matrosen aus allen Teilen der Welt.

ℹ Praktische Hinweise

Information

Módulo de Turismo, Bulevar Miguel de la Madrid 875 a, Manzanillo, Tel. (01) 314/333 38 38, www.gomanzanillo.com

Hotels

****Las Hadas Golf Resort & Marina**, Los Riscos/B. Hermosa, Manzanillo, Tel. (01) 314/331 01 01, www.brisas.com.mx. Luxusanlage zwischen Bahía de Manzanillo und Bahía de Santiago.

****La Posada**, Malecón, Manzanillo, Tel. (01) 314/333 18 99, www.hotel-la-posada. info. Kleines Haus am Strand, 23 komfortable Zimmer mit Meerblick und großer Patio.

Restaurant

Hotel Colonial, México 100, Manzanillo, Tel. (01) 314/332 10 80. Köstliche Fischgerichte werden unter dem barocken Kronleuchter in kolonialer Atmosphäre serviert.

30 Ixtapa und Zihuatanejo

Luxushotels und Traumstrände.

Auf Náhuatl bedeutet **Ixtapa** ›Ort des weißen Sandes‹, zugleich Hinweis auf das, was den Ort für Touristen so anziehend macht. In Ixtapa, 230 km nordwestlich von Acapulco, stehen zahlreiche Luxushotels an der breiten und feinsandigen Bucht, durch dichtes Grün voneinander getrennt.

7 km weiter südlich liegt **Zihuatanejo**, ein angenehmes Städtchen mit dem Flair eines Fischerdorfes. *Purépecha* nannten sich die dort siedelnden Indianer. Nach der Legende war es ein König, der den heutigen Strand Las Gatas zum Erholungsort erkor. Damit Frauen und Kinder ungestört baden konnten, vielleicht auch aus Sorge vor Haien, ließ man am Ende der Bucht eine Schutzmauer errichten. Reste dieser präkolumbischen Anlage sind noch heute zu erkennen. Im 16. Jh. setzten die Spanier in Zihuatanejo ihre Segel – auf ihrer ersten Reise zu den Philippinen. In der Folgezeit avancierte der Ort zu einem prosperierenden Handelszentrum ebenso wie zum Zufluchtsort

für Piraten und Freibeuter. Im kleinen **Museo Arqueológico de la Costa Grande** (Paseo del Pescador, Di–So 10–18 Uhr) werden präkolumbische Fundstücke gezeigt.

Täglich starten am Hafen kleine Boote, die die Touristen zur **Playa Las Gatas** bringen, wo mehrere Freiluft-Restaurants Fischspezialitäten zubereiten – eine willkommene Abwechslung zu den klimatisierten Restaurants in Ixtapa.

Zwei Dutzend **Tauchgründe** vor der Küste eignen sich für Anfänger wie erfahrene Taucher. Ein intakter, 20 000 m² großer *Korallengarten* wurde vor Jahren in etwa 10 m Tiefe südlich der Zihuatanejo-Bucht entdeckt. *Barra de Potosí* heißt ein Unterwassergebiet mit steil abfallenden Felsen und Höhlen. Daneben lockt die Möglichkeit zur *Schatzsuche*: In den historischen Archiven der Stadt wird berichtet von zahlreichen im 16. und 17. Jh. gesunkenen Schiffen.

ℹ Praktische Hinweise

Information

Oficina de Turismo, Paseo las Gaviotas 12, Ixtapa, Tel. (01) 755/553 12 70, www.ixtapa-zihuatanejo.com

Hotel

*****Dorado Pacifico**, Paseo Ixtapa, Ixtapa, Tel. (01) 755/553 20 25, www.dorado pacifico.com.mx. Komfortables Strandhotel, 285 Balkonzimmer mit Meerblick.

Restaurant

Coconuts, Pasaje Agustín Ramírez 1, Centro, Zihuatajeno, Tel. (01) 755/554 25 18. Im ältesten Haus der Stadt (1865), einer ehemaligen Wiegestation für Kokosnüsse, serviert man heute Meeresfrüchte, Spezialitäten der Region und karibische Cocktails.

31 Acapulco *Plan Seite 76*

Die Diva der mexikanischen Seebäder hat das ganze Jahr Saison.

Zu den ganzjährig idealen Wasser- und Lufttemperaturen, den 350 Sonnentagen gesellen sich weitere natürliche Vorzüge. Acapulco erstreckt sich in einer großen Bucht vor den Ausläufern der grünen Sierra Madre Occidental. Nach Sonnenuntergang ziehen sich Tausende von funkelnden Lichtern die Berghänge hinauf.

Geschichte Acapulco bedeutet in der Nahua-Sprache ›Ort des dicken Schilfrohres‹. Bereits um 1530 begann die Blütezeit der Siedlung. Damals wählte der hochseeerfahrene Hernán Cortés den

Immer wieder atemberaubend – die Felsenspringer von Acapulco

Hafen als Ausgangspunkt seiner Expeditionen. Acapulco avancierte zum wichtigsten *Warenumschlagplatz* des Pazifik – eine Rolle, die es zwei Jahrhunderte lang behielt. Hier liefen die aus Asien kommenden spanischen Frachtschiffe ein. Chinesisches Porzellan, Seide und exotische Gewürze wurden auf Maultiere geladen und nach Veracruz transportiert, dort erneut verschifft für die lange Reise gen Spanien. Zu Beginn des 19. Jh. war jedoch der Niedergang bereits eingeläutet, war aus dem Welthafen wieder ein verschlafenes Nest geworden.

Das touristische Potential der Siedlung erkannte der Schweizer Musiker *Teddy Stauffer*, der 1942 gemeinsam mit dem US-Filmstar *Errol Flynn* Acapulco besuchte, von der Schönheit der Bucht schwärmte und hier das Restaurant *La Perla* [s. S. 77] eröffnete. Bald strömten die Schönen und Reichen herbei. Mittlerweile besitzt Acapulco einen internationalen *Flughafen* mit einem Passagieraufkommen von über 2 Mio. Besuchern jährlich, und vielstöckige Hotelpaläste säumen die weite Bucht. Allein die seit etwa 2006 wachsende Macht der Drogenkartelle bedroht die heile Touristenwelt.

◁ *Hoch aufschießende Wolkenkratzer bieten entlang der Bucht von Acapulco Unterkunft*

So 9–18 Uhr) die Küste. Die Spanier erbauten es ab 1616 in Form eines fünfzackigen Sterns. Damals diente es dem Schutz vor den immer zahlreicher werdenden Seeräuberüberfällen. Heute beherbergt es das *Museo Histórico de Acapulco*. Neben Einzelheiten über den Seehandel im 17. Jh. erfährt man auch Wissenswertes über die Piraterie.

Ganz im Westen, beim Felsen von **La Quebrada** ❸, finden abends die Aufführungen der *Clavadistas* statt: Eine Gruppe junger Männer stürzt sich kopfüber von der 42 m hohen Felsklippe in eine an dieser Stelle nur wenige Meter breite Meeresbucht. Eine todesmutige Vorstellung, der im Laufe der Jahrzehnte auch viele prominente Besucher beiwohnten, von Brigitte Bardot und Liz Taylor bis zu US-amerikanischen Präsidenten. Auf den Fotos im Restaurant **La Perla** [s. S. 77] des ›Hotel Mirador‹ sind sie alle mit Autogrammen versammelt. Dieses Lokal von Teddy Stauffer wurde zum Treff der Stars. Wunderschön speist man noch heute auf einer der vielen Terrassen mit Sicht auf die *Clavadistas*, die um 22.30 Uhr sogar mit Fackeln in die Tiefe springen.

In Acapulco könnte man jeden Tag an einem anderen der zahlreichen weißen **Strände** baden. Busse bedienen die gesamte Strecke entlang der Bucht – eine

Besichtigung Im Westen der Bucht erstreckt sich die kleine Innenstadt. Auf dem fast dörflich wirkenden **Zócalo** ❶ herrscht beschauliche Stimmung. Nahebei bewacht das **Fuerte de San Diego** ❷ (Calle Hornitos, Tel. (01) 744/482 38 28, Di–

Von der Aussichtsterrasse des Hotels Las Brisas überblickt man die Lichter der Stadt

gute Gelegenheit, für ein paar Pesos mitzufahren. Die **Playa Caleta** ❹ ist der lebhafteste Strandabschnitt, beliebt bei Einheimischen, vor allem jungen Leuten. Dort starten auch kleine Boote (stündlich) zur **Isla La Roqueta** ❺. Sie ist der Playa Caleta unmittelbar vorgelagert und begrenzt die Bucht im Südwesten. Die Ausflugsboote passieren unweigerlich die in 2 m Tiefe plazierte Figur der dunkelhäutigen Muttergottes. Vom Boot aus kann man einen Blick werfen auf diese ›Nuestra Señora de Guadalupe‹. Lohnend ist ein Rundgang über die Insel und zum Leuchtturm, die Strände sind ruhiger als auf dem Festland und es gibt einige ausgezeichnete Restaurants.

Von der Altstadt aus begleitet die **Costera Miguel Alemán** mit ihren eleganten Hotels und Boutiquen auf 20 km Länge jede Windung der weit gezogenen Bucht. Hier finden sich weitere schöne Strände, etwa der **Playa Hornos** ❻ mit großem Angebot an Wassersport sowie preiswerten Restaurants und Cafés.

Eine Attraktion ist der **Parque Papagayo** ❼ (Tel. (01)744/486 09 96) gegenüber dem Hornitos-Strand, ein Vergnügungspark inmitten eines Gartens mit Jahrmarkt und Attraktionen für Kinder und Erwachsene. An der Costera folgt nun der **Playa Condesa** ❽. Dort heißt das Motto Sehen und Gesehen werden!

Wem das Meer zu wenig Unterhaltung verspricht, der kann sich im **CICI Water Park** ❾ (Avenida Costera Miguel Alemán/ Cristóbal Colon, Tel. (01)744/484 19 70, www. cici.com.mx, tgl. 10–18 Uhr) austoben. Allerlei Wasserspielen mit über 90 m langen Rutschen sorgen für Nervenkitzel, auch Delfin-Vorführungen gibt es zu bestaunen. Ganz Mutige dürfen sogar mit ihnen schwimmen.

Präkolumbische Artefakte sind in der nahen **Casa de la Cultura** ❿ (Avenida Costera Miguel Alemán 4834, Tel. (01)744/484 40 04) zu sehen. Eine Verkaufsausstellung für Kunsthandwerk gehört ebenfalls dazu.

Sonnenanbeter machen sich nachmittags auf den Weg zur östlich gelegenen **Playa Icacos** ⓫: Hier scheint die Sonne am längsten. Jenseits der Berghänge, die die Acapulco-Bucht begrenzen, öffnet sich die Badebucht **Playa Puerto Marqués**. Ganz in der Nähe findet man eine kleine Lagune, die von Pelikanen und Reihern besiedelt ist.

Zwar kein Geheimtipp mehr, aber immer noch idyllisch: Puerto Escondido

An der **Playa Revolcadero** schließlich, 13 km östlich des Zentrums, liegen die Luxushotels *Acapulco Princess* (www.fairmont.com/acapulco) und *Pierre Marqués* (www.fairmont.com/pierremarques). Hohe Wellen und breiter Strand locken nicht nur Hotelgäste an: In Mexiko sind Strände öffentlich und vor den privaten Hotelgrundstücken gibt es immer noch genügend Sand.

ℹ️ Praktische Hinweise

Information
Oficina de Convenciones y Visitantes, Avenida Costera Miguel Alemán 38 A, Fracc. Costa Azul, Acapulco, Tel. (01) 744/ 484 85 55, www.visitacapulco.com.mx

Felsenspringer
tgl. 19–23 Uhr, beste Sicht vom Restaurant La Perla (siehe rechts).

Hotels
★★★★ Elcano, Costera Miguel Alemán 75, Tel. (01)744/435 1500, www.elcano.com. Strandhotel nahe des Kongresszentrums, 180 Zimmer und Suiten mit Balkon oder Terrasse.

★★★Las Hamacas, Avenida Costera Miguel Alemán 239, Acapulco, Tel. (01) 744/ 383 70 06, www.hamacas.com.mx. Hotel in günstiger Lage am Hornos-Strand mit kleinem Pool.

★★ Victoria, Cr. Colón 14, Fracc. Costa Azul, Tel. 744/484 07 07, www.hotelvictoria acapulco.com. Ordentliche Zimmer rund um zwei Pools zu günstigen Preisen.

Restaurants
El Fogón, Costera M. Alemán, Costa Azul (gegenüber Hotel Emporio). Mexikanische Spezialitäten zu reellen Preisen.

100 % Natural, Costera M. Alemán, 200, Tel. (01)744/486 20 33, www.100natural. com.mx. Mehrere Restaurants der gleichen Kette an der Küstenstraße mit köstlichen Spezialitäten und Natursäften.

La Perla, Quebrada 74, im Hotel Mirador, Acapulco, Tel. (01) 744/483 11 55, www.hotelelmiradoracapulco.com.mx. Berühmtes Restaurant mit internationaler Küche. Hier speiste schon Liz Taylor.

32 **Puerto Escondido**

Treffpunkt von Rucksacktouristen und Surfern.

400 km südöstlich von Acapulco liegt die erst 1928 als Hafen für die Kaffeebauern des Hinterlandes gegründete Stadt (75 000 Einw.). Die Flaniermeile von Puerto Escondido, dem ›versteckten Hafen‹, ist die **Avenida Gasca**, an der sich Modeschmuck- und T-Shirt-Geschäfte, Surf-Läden, Cafés und Restaurants aufreihen.

Tagsüber trifft man sich an einer der Buchten zum Sonnenbaden und Surfen. Stürmischen Wellengang verheißt die **Playa Zicatela** südöstlich des Zentrums. Doch es gibt auch ruhigere Buchten zum Schwimmen. Nach Sonnenuntergang füllen sich die Restaurants. Man sitzt im Freien, unter einem Palmendach, die Speisekarte verzeichnet gegrillten Fisch und Camarones (Krabben), gewürzt mit *Ajo* (Knoblauch). Windlichter erhellen die Bucht, und wenn die Reggae-Musik nicht zu laut ist, hört man das Rauschen der Wellen.

33 Huatulco

Aus einem einsamen Fischerdorf erwuchs ein anspruchsvolles Ferienzentrum.

Neun kleine Buchten, 34 Strände und wenige, luxuriöse Hotels, errichtet im landestypischen Stil, eingebettet in üppige Vegetation – das sind die Besonderheiten von Huatulco. Wer Ruhe, Natur und Luxus schätzt, wird sich in den abgelegenen Buchten gut erholen. Noch sind nicht alle gleichermaßen gut erschlossen.

Unter Palmen in einem Café am Strand ...
Huatulco bietet Bilderbuch-Strandurlaub

 Die meisten Hotels liegen in der **Bahía Tangolunda**, wo auch ein 18-Loch Golfplatz lockt.

Etwas Abwechslung erwartet Besucher in **Santa Cruz de Huatulco**, als Idealbild eines ›typisch mexikanischen‹ Dorfes im Jahre 1980 geschaffen, jedoch mit eher steriler Atmosphäre. Die rund 1500 Einwohner arbeiten zumeist in den Hotels oder betreiben Souvenirgeschäfte. Von der Anlegestelle verkehren Boote zu den Buchten. Eine von ihnen wurde als *Naturschutzgebiet* ausgewiesen: In der **Bahía de Chachacual** wachsen seltene tropische Pflanzen, gedeihen ausgedehnte Mangrovenwälder. Indianer leben in den Wäldern von Fischfang und betreiben Landwirtschaft.

i Praktische Hinweise

Hotels

*******Crown Pacific**, Bulevar Benito Juárez 8, Bahías de Tangolunda, Huatulco, Tel. (01) 958/581 00 44, www.crownpacific huatulco.com. Schicke Suiten auf einem Berg mit bestem Blick auf die Bahía Tangolunda.

** **Gran Hotel Huatulco**, La Crucecita, Carrizal 1406, Huatulco, Tel. (01) 958/ 587 01 15, www.granhotelhuatulco.com. Komfortable Zimmer beim Naturpark, abseits des Strandes.

Der Golf von Mexiko – Ursprung mittelamerikanischer Kultur

Mexiko für Fortgeschrittene: Die weit geschwungene Golfküste ist touristisch kaum erschlossen. Für einen Badeurlaub kommen die dortigen Strände nicht in Betracht: Der Meeressaum wird durchzogen von Sümpfen und Lagunen, dazu gesellen sich Dutzende von Raffinerien. Dennoch: Die Golfküste mit den Staaten **Veracruz** und **Tabasco** ist kulturell von besonderer Bedeutung. So ist die Region Heimat des ältesten mesoamerikanischen Volkes. **Olmeken**, ›Gummilandmenschen‹ nannten die Azteken sie. Vor 3000 Jahren schufen sie ihre Tempel und Steinmetzarbeiten. Um die Zeitenwende verließen sie dann ihre Stätten – zurück blieben gewaltige *Basaltköpfe*, die vermutlich ihre Herrscher porträtieren. Schließlich gibt es da noch Veracruz, eine lebenssprühende mexikanische Stadt mit karibischen und afrikanischen Einflüssen. Tabascos Hauptstadt **Villahermosa** verfügt mit dem tropischen Park La Venta, in dem mehrere der weltberühmten Monumentalköpfe und Altäre der Olmeken zu sehen sind, über eine besondere Sehenswürdigkeit.

34 El Tajín

Die bedeutendste präkolumbische Stätte der Golfküste.

Über die MEX 180 gelangt man in das 280 km nördlich von Veracruz gelegene El Tajín. Umgeben von üppiger Vegetation und umflossen von zwei Bächen liegt die archäologische Stätte, die nach dem präkolumbischen Gott der Wirbelstürme und Blitze benannt ist. Zu den Besonderheiten der Anlage gehören die als dekorative Architekturelemente eingesetzten *Nischen*, die im Bauwerk der Pirámide de los Nichos, der Nischenpyramide, zur höchsten Entfaltung kommen. Ungewöhnlich ist auch die große Zahl der in Tajín entdeckten Ballspielplätze, die darauf hindeutet, dass dieser Ort ein Zentrum des kultischen Ballspiels war.

Geschichte   Bereits 1780 wurde man auf die große Nischenpyramide aufmerksam und entdeckte daraufhin weitere Gebäude. Zweifel herrschen über die Erbauer von El Tajín, und noch immer weiß man nicht, ob es sich bei der 10 km² großen Siedlung tatsächlich um die alte Hauptstadt der *Totonaken* handelt. Als Entstehungszeit wird das erste vorchristliche Jahrhundert angenommen. Aus dem Norden eingewanderte Toltekenstämme führten um 800 die damals schon verlassene Stätte zu einer zweiten Blütezeit. Zur Zeit der Spanier war El Tajín bereits unbewohnt. Mit ersten systematischen Ausgrabungen begann 1939 der Archäologe José García Payón. Nur ein kleiner Teil der insgesamt wohl über 70 Bauten wurde bisher freigelegt.

Besichtigung   Die Ausgrabungsstätte (www.inah.gob.mx, tgl. 8–17 Uhr) gliedert sich in **El Tajín Viejo**, das alte Zentrum mit der Nischenpyramide aus dem 1. Jh. v. Chr., und in **El Tajín Chico**, das ›Kleine Tajín‹.

Die siebenstöckige **Nischenpyramide**, das bedeutendste Bauwerk der Anlage, liegt im Eingangsbereich. Ihr Grundriss ist quadratisch und weist eine Seitenlänge von 35 m auf. Jede der insgesamt sieben Stufen (die sich zu einer Höhe von 25 m addieren) besitzt eine ca. 45 Grad schräge Fläche, über der ein senkrecht aufgesetzter Nischenfries verläuft. Insgesamt weist die Pyramide 365 dieser Nischen auf, jede mit steinernen Einfassungen versehen und ursprünglich auch farbig bemalt. Vermutlich repräsentieren die Nischen das

Für jeden Tag des Sonnenjahres eine Nische – 365 wurden in El Tajín gezählt

präkolumbische Sonnenjahr, das 365 Tage zählte. Ein **Tempel** mit einer Grundfläche von 5 x 5 m krönt die Pyramide. An der Ostseite führen breite, von Rampen eingefasste und mit Stufenmäandern dekorierte Treppenstufen hinauf. Schräg gegenüber erstreckt sich der 60 m lange **Südliche Ballspielplatz**, berühmt vor allem wegen seiner *Reliefs* mit Darstellungen von Ballspielern, Opferzeremonien und Gottheiten [s. S. 112].

Im Norden der Anlage gelangt man zu dem höher gelegenen **El Tajín Chico**, einer mit Bauwerken bestückten Terrasse, vermutlich aus der Spätphase stammend. An die Säulenhallen von Tula [s. S. 35] erinnert das **Edificio de las Columnas**: Der 20 m lange und nur 3 m breite Säulenbau, auch als *Edificio Q* bezeichnet, wird gegliedert durch jeweils 15 Säulen an den Längsseiten und vier an den Schmalseiten.

35 Jalapa

Die Hauptstadt des Staates Veracruz wird vorwiegend wegen ihres Museums besucht.

Die Stadt Jalapa (425 000 Einw.) bietet wegen ihrer Höhenlage (um 1500 m) ein angenehmes Klima. Im Zentrum sind einige sehenswerte Gebäude erhalten, die sich um den *Zócalo* gruppieren, darunter die barocke **Catedral** aus dem 18. Jh. und der

Palacio del Gobierno (Regierungspalast) im Kolonialstil. Enge Altstadtgassen schließen sich an. Die im Übrigen moderne Stadt ist dicht begrünt und mit Blumen geschmückt, die Umgebung wegen des vielen Regens subtropisch.

Zeugnisse großer Kunst im Museum von Jalapa: Diese fast lebensgroße Tonfigur entstand zwischen 600 und 900 n.Chr.

Das **Museo de Antropología** (Avenida Jalapa, Tel (01) 228/815 49 52, www.uv.mx/max, Di–So 9–17 Uhr) zählt neben dem Namensvetter in Mexiko-Stadt und dem CICOM-Museum in Villahermosa zu den drei herausragenden Museen präkolumbischer Kunst. Seit 1957 bemüht man sich um den Ausbau dieser Sammlung von vorspanischen Relikten der mexikanischen Golfküste und seit 1986 werden die Exponate in einem imposanten Gebäude in drei Hauptgruppen präsentiert: Die Monumentalskulpturen der *Olmeken*, insgesamt zehn Köpfe, von denen sieben in *San Lorenzo* im Süden des Staates Veracruz gefunden wurden, werden ergänzt durch eine Sammlung von Masken aus Jade und Serpentinstein aus derselben Epoche. Die zweite Gruppe der Fundstücke stammt aus dem Zentrum des Staates Veracruz und umfasst sehr gut erhaltene Kleinskulpturen und Keramikarbeiten, darunter zahlreiche Opfergaben aus Gräbern in *Zapotal*. Einige Figuren zeigen – ungewöhnlich bei präkolumbischen Fundstücken – einen lachenden Gesichtsausdruck.

Den *Huaxteken*, der Hauptgruppe der Urbevölkerung an der Ostküste, die ihr Zentrum im Norden des Staates Veracruz hatte, ist der dritte Ausstellungsbereich gewidmet. Besonders reichhaltig ist die Sammlung an Keramikarbeiten; Anziehungspunkt für viele Besucher in der Huaxteken-Abteilung ist die Darstellung eines Kaninchens auf einem Mond. Wie man heute weiß, war das Kaninchen in präkolumbischen Zeiten auch das Symbol für den Mond, denn man glaubte, in den dunklen Flecken des Mondes ein Kaninchen zu entdecken. Der Mond wiederum stand in Verbindung zum göttlichen und berauschenden *Pulque-Getränk*. Die Pulque-Götter (die Centzontotochtlin, ›400 Kaninchen‹, hießen) symbolisierten das Aufleben (zunehmende Mondphasen) und das Absterben (abnehmende Mondphasen) der Natur.

36 Veracruz

Landesweit bekannt ist der karibisch geprägte Karneval in der lebenslustigen Metropole.

Eine Stadt, die viele Besucher mehr an New Orleans und die Karibik denn an Mexiko erinnert: Veracruz, die größte **Hafenstadt** des Landes (700 000 Einw.), un-

Danza de los Voladores – die fliegenden Männer

Flink klettern fünf in Festtracht gekleidete Indianer einen 30 m hohen Baumstamm (heute oft eine Metallstange oder ein Betonpfeiler) hinauf und nehmen auf einer an der Spitze angebrachten Plattform Platz. Das Ritual beginnt mit einem **Flötenspiel**, dann stürzen sich vier der Männer kopfüber in die Tiefe. Jeder hängt an einem Seil, dessen Ende um den Leib gebunden ist. Das Seil ist um das obere Ende des Stammes gewickelt und dort befestigt. Die Männer kreisen um den Stamm, die Seile spulen sich dabei ab, die ›Runden‹ werden immer größer und tiefer. Der fünfte Mann begleitet den Flug mit Flötenmusik und tanzt dazu auf der Plattform. Kurz vor dem Erdboden richten sich die Männer elegant auf und landen auf ihren Füßen. Das **Fruchtbarkeitszeremoniell** besteht aus je 13 Umdrehungen der vier Voladores, sodass sich hieraus ein symbolischer Bezug auf den präkolumbischen Kalenderzyklus von 52 Jahren ergibt. Der Flug der Voladores wird an vielen archäologischen Stätten (z. B. El Tajín, Chichén Itzá, Teotihuacán, Tulum) und vor dem Anthropologischen Museum in Mexiko-Stadt vorgeführt.

terscheidet sich in mancher Weise von anderen mexikanischen Städten. Es gibt keine präkolumbischen Ruinen in der Stadt und ihrer Umgebung, keine barocken Kirchen, keine kolonialen Prachtbauten, noch nicht einmal einen sauberen Strand. Die Atmosphäre macht's: wenn auch nicht kosmopolitisch, so doch weltoffen. Seeleute aus Asien und Lateinamerika bummeln durch die Straßen, dazu gesellt sich eine Bevölkerung mit z. T. afro-karibischen Wurzeln. Der Zócalo, obwohl von sehenswerten Bauwerken umstanden, verströmt weniger koloniale als vielmehr karibische Atmosphäre.

Bereits am späten Vormittag steigt das Thermometer auf über 30 °C im Schatten.

TOP TIPP Touristen zieht es zu den Gebäuden um die **Plaza de Armas**. Da ist der ehrwürdige **Palacio Municipal**, ein Rathaus, das im 17. Jh. erbaut wurde – ein Jahrhundert früher als die Kirche, genannt **La Parroquia**. Nach der Besichtigung labt man sich an einem frisch gepressten Orangen- oder Mangosaft in einem der umliegenden Cafés.

Man schrieb Karfreitag 1519. Im 25 km nördlich gelegenen La Antigua landete Hernán Cortés. Die erste Siedlung der Spanier auf amerikanischem Boden wurde gegründet: La Villa Rica de la Vera Cruz, die ›Reiche Stadt des wahrhaftigen Kreuzes‹. Die Stadt avancierte zum Umschlagplatz für die aus Europa ankommenden Waren ebenso wie für Güter aus dem Fernen Osten. Das **Museo Cultural de la Ciudad** (Zaragoza 397/E. Morales,

Tel. (01) 229/989 88 72, Di–So 10–18 Uhr) dokumentiert die jahrhundertealte Historie der Stadt. Das Museum befindet sich in einem sehenswerten Gebäude, einem Waisenhaus aus der Mitte des 19. Jh.

Die Geschichte der Festungsarchitektur wird präsentiert im **Baluarte de Santiago** (Avenida 16 de Septiembre/Rayón, Tel. (01) 229/931 10 59, Di–So 10–16.30 Uhr), einer 1625 errichteten Burg, Teil des ursprünglich aus neun Bauwerken bestehenden Verteidigungsringes.

Am Strand empfängt mit dem **Acuario de Veracruz** (Boulevard Manuel Ávila Camacho/Playón de Hornos, www.acuario deveracruz.com, Mo–Do 9–19, Fr–So 9–19.30 Uhr) das größte Aquarium Lateinamerikas seine Besucher. Neben den bunten, exotischen Fischen und possierlichen Seepferdchen sind vor allem die Haie und die Seekühe eine Attraktion.

Auf einer kleinen Insel vor dem Hafen, inzwischen mit dem Festland durch einen Damm verbunden, liegt das **Fort San Juan de Ulúa**, eine rechteckige Zitadelle mit vier vorkragenden Bastionen um einen begrünten Innenhof. Die Spanier errichteten sie zum Schutz des Hafens, aus dem sie nicht nur ihre Schätze aus Mexiko – Gold, Silber und Agrarprodukte – nach Spanien verschifften, sondern auch die Importwaren aus Fernost, die von der Westküste per Maulesel und Ochsenkarren herangeschafft und in Veracruz erneut verladen wurden. Von den höheren Wehrgängen ergibt sich ein Panoramablick auf die Hafenstadt.

Bunte Kräne, riesige Schiffe – in Veracruz geht es lebhaft und fröhlich zu

ℹ Praktische Hinweise

Information

Dirección de Turismo, Palacio Municipal, Zaragoza/Lerdo, Veracruz, Tel. (01)229/200 22 00, www.veracruz.gob.mx, www.veracruzturismo.com.mx

Hotel

***Ruiz Milán**, Paseo del Malecón 432/Gómez Farias, Veracruz, Tel. (01) 229/932 67 07, www.ruizmilan.com. Komfortables Hotel, Zimmer mit Hafenblick.

37 Villahermosa

Die Stadt beherbergt mit dem Parque La Venta eine der landesweit bedeutendsten Sehenswürdigkeiten.

Am Westufer des breiten und träge dahinfließenden *Río Grijalva* gründeten die Spanier – 60 km landeinwärts – im Jahre 1593 Villahermosa, nachdem sie die Region schon 1519 erobert hatten.

Die reiche Industriestadt mit rund 4000 Unternehmen und 420 000 Einwohnern konnte sich einige aufwendige Museen leisten sowie die Restaurierung des kolonialen Zentrums. Dieses wird **Zona Luz** genannt und ist eine weitgehend verkehrsberuhigte Zone, in der sich die Bevölkerung zum Einkaufsbummel trifft. Eine der weltweit bedeutendsten Sammlungen von Fundstücken der *Olmeken-* und *Maya-Kulturen* befindet sich im **Museo Regional de Antropología Carlos Pellicer** (Periférico Carlos Pellicer, Tel. (01) 993/312 63 44, Di–So 9–17 Uhr), wenige Kilometer außerhalb des Stadtzentrums: Untergebracht auf vier Etagen ist es im Centro de Investigación de las Culturas Olmeca y Maya, kurz *CICOM* genannt.

Am Paseo Tabasco wurde von dem bekannten Schriftsteller Carlos Pellicer Cámara das **Parque Museo La Venta** (Tel. (01) 993/314 16 52, tgl. 8–16 Uhr) in einem großen Park an der *Laguna de los Ilusiones* angelegt. Die bei Ölbohrungen auf der Insel La Venta 120 km westlich gefundenen Skulpturen der **Olmeken** [s. S. 12] wurden im Museumspark in subtropischer Vegetation so platziert, wie man sie am Fundort entdeckt hatte. Ein Teil der Fundstücke, besonders die Kleinkeramiken, sind in den übrigen Museen von Villahermosa und in Mexiko-Stadt zu sehen. Beim Spaziergang durch das gut ausgeschilderte Parkgelände

Olmekenkunst: gewaltige Steinköpfe mit negroiden Gesichtszügen

entdeckt man mehrere als Jaguargesicht gestaltete Grabböden, bestehend aus 500 Serpentinstein-Quadern. Große Altäre aus Basaltstein und anthropomorphe Tiergestalten erreicht man auf verschlungenen Wegen. Besonders faszinierend sind die vier monumentalen Köpfe mit flacher, breiter Nase und aufgeworfenen Lippen, bis 2,5 m hoch, von denen man nicht weiß, ob sie Krieger, Priester, Herrscher, Ballspieler oder andere Personen darstellen sollen. Zum Park gehören weiterhin ein **Zoo**, der auch Jaguare beherbergt, eine riesige begehbare **Voliere** mit Papageien und Tukanen, ein **Kunsthandwerkszentrum** sowie ein **Café**.

ℹ Praktische Hinweise

Information

Oficina de Turismo, Avenida Los Rios/Calle 13, Villahermosa, Tel. (01) 993/316 36 33, www.villahermosa.gob.mx, www.visitetabasco.com

Hotel

****Plaza Independencia**, Independencia 123, Villahermosa, Tel. (01) 993/312 12 99, www.hotelesplaza.com.mx. Vorzügliches Stadthotel in Zentrumsnähe mit kleinem Pool im Innenhof und gutem Restaurant.

TOP TIPP

Oaxaca – faszinierende Zeugnisse indianischer Geschichte

Die Bundesstaaten in Mexikos Süden sind reich an Tradition und präkolumbischen Stätten, die Menschen jedoch blieben arm. Hier liegen einige der schönsten und bedeutendsten Tempelbezirke des Landes. Die Städte bezaubern als intakte alt-spanische Siedlungen. Der Bundesstaat Oaxaca ist Indianerland, hier siedelt noch heute eines der ältesten Völker Mesoamerikas: **Zapoteken**. Ihre alte Hauptstadt – zur Zeit der Entdeckung durch die Spanier – war **Zaachila**, ihr heiliges Zentrum **Mitla**, beide in Tagesausflügen von der Provinzhauptstadt **Oaxaca** aus zu erreichen. Andere Touren führen in kleine, von indianischen Minderheiten bewohnte Dörfer des Hochlandes. In Oaxaca wurde Benito Juárez (1806–1872) geboren, ein Zapoteke, der zum berühmtesten Präsidenten und Reformer Mexikos aufstieg.

38 Oaxaca

Ein Freilichtmuseum kolonialer Architektur.

In den Kopfsteinpflasterstraßen von Oaxaca (260 000 Einw., 1600 m) herrscht in den frühen Morgenstunden eine ruhige, beschaulich wirkende Atmosphäre. Einstöckige, weiß gekalkte Häuser ziehen sich die Gassen entlang. In vielen glimmt schon ein Feuer im Ofen, zu erkennen an den dünnen Rauchsäulen, die in die klare Luft des Hochlandes steigen. Dann kommen die ersten Bauern mit ihren von Eseln gezogenen Wagen in die Stadt.

Markt ist täglich in Oaxaca, dem seit der Eroberung bedeutenden Handelszentrum. Fünf lebhafte **Märkte** locken Händler wie Käufer an. Die Bauern gehören 20 verschiedenen Indígena-Stämmen an. Unter Lorbeerbäumen und

Auf den Märkten von Oaxaca bieten die Bauern des Umlands ein reiches Warenangebot

Arkaden breiten indianische Kunsthandwerker ihre Schätze aus. Besonders schön sind die in sanften Farben gewebten Schultertücher und die Decken mit traditionellen Mustern. Es kann gehandelt werden, doch angesichts der wochenlang dauernden Webarbeiten sind die gewünschten Preise schon niedrig genug.

Geschichte Im Hochtal von Oaxaca begann schon um die Zeitenwende eine rege Bautätigkeit, um 600 n. Chr. dominierten *Zapoteken*, deren Vormachtstellung später an *Mixteken* überging. 1458 eroberten die *Azteken* von Tenochtitlán (dem heutigen Mexiko-Stadt) aus das Hochtal und machten die Bewohner tributpflichtig. 1486 gründeten sie die Ortschaft Huaxyaca. Die *Spanier* eroberten 1524 das Tal, das Hernán Cortés selbst überlassen wurde, dem ›Marquis del Valle‹. Oaxaca avancierte zum *Handelsknotenpunkt* der Spanier, die ihre Waren auf dem ›Camino Real‹ von der Pazifikküste hierher transportierten. Erst nach der Unabhängigkeit des Landes und nach Abzug der Spanier erhielt die Ortschaft 1872 den Namen Oaxaca.

Besichtigung Der **Zócalo** ❶ ist Fußgängerzone, statt Autos findet man Cafés und Restaurants. In der Mitte des mit hohen Bäumen dicht bestandenen Platzes steht ein *Jugendstilpavillon*, ein Rundkiosk, in dem abends und sonntagmorgens Musikgruppen aufspielen. Touristen bevölkern die Cafés, Schuhputzjungen sind auf Kundensuche, indianische Mädchen verkaufen Kaugummi und Armbänder, Studenten der nahe gelegenen Universität machen Pause, nachmittags ziehen Musiker zur Unterhaltung der Gäste von Café zu Café.

Gegenüber dem Zócalo liegt an der Plaza Alameda die **Catedral Alameda de León** ❷, eindrucksvolles Beispiel der wuchtigen und wehrhaften sakralen Barockbauten des 16. Jh.; bereits 1544 errichtet, fiel sie Ende des 17. Jh. einem Erdbeben zum Opfer und wurde im massigen Stil des sog. ›Erdbebenbarock‹ erneuert. Das mächtige barocke Portal aus Canterastein mit korinthischen Säulen, Flachreliefs und Figuren von Heiligen und Erzengeln stammt von 1733. Die Kathedrale ist eine von rund 20 prächtigen Kirchen und Klöstern der Stadt.

Nur zwei Querstraßen – man passiert dabei die Jesuitenkirche La Compañía aus dem 17. Jh. – sind es vom Zócalo zum **Mercado Benito Juárez** ❸ mit reichhaltigem Obst- und Gemüseangebot. Tacos und

Prunkstück von Santo Domingo in Oaxaca ist die goldene Rosenkranzkapelle aus dem 18. Jh.

Quesadillas für wenige Pesos serviert man in den vielen Garküchen des Marktes.

An der Calle 5 de Mayo beherbergt Oaxaca mit dem **Camino Real** ❹ eines der schönsten Hotels des Landes [s. S. 87]. Das Gebäude, 1576 von den Dominikanern als Nonnenkloster *Santa Catalina* gegründet, in Jahrhunderten mit Kunstschätzen angefüllt, mit schweren Steinfußböden, freskengeschmückten Wandelgängen und Patios ausgestattet, wurde feinfühlig restauriert. Schon die Staatsgäste König Juan Carlos und Königin Sofia aus Spanien stiegen hier ab. Auch wer nicht im Hotel wohnt, kann auf einen Nachmittagstee einkehren. Oft tritt in einem der Patios zudem eine Marimba-Gruppe auf.

Ganz in der Nähe liegt ein weiteres Kloster: Santo Domingo (1570–1670), eine wuchtige Anlage mit meterdicken Mauern, die heute das **Museo de las Culturas de Oaxaca** ❺ (Di–So 10–18 Uhr) beherbergt. Gleich auf zwei Etagen, die um den Innenhof angeordnet sind, präsentiert das Museum seine Ausgrabungsfunde. Die kostbarsten Exponate sind die ›Funde aus Grab Nummer 7‹, Beigaben eines im nahen Monte Albán von dem Archäologen Alfonso Caso entdeckten *Mixtekengrabes*: Jade, Gold und Silber, Armbänder und Totenmasken, der wertvollste Grabschatz des amerikanischen Kontinents.

Zum nationalen Monument deklarierte der Staat die zum Kloster gehörige Kirche **Santo Domingo** ❻. Im Inneren herrscht überbordende barocke Pracht: Fast vollständig mit Blattgold überzogen ist der Rokoko-Hochaltar der *Capilla de la Virgen del Rosario* (Rosenkranzkapelle, 18. Jh.), einer von elf Kapellen der Kirche. Im Eingangsbereich zeigt eine Stuckdekoration den Stammbaum des Dominikanerordens; aus der Brust des Felix de Guzmán, des Vaters von Domingo, wächst ein Weinstock mit den Würdenträgern des Ordens.

In Oxaca geboren wurde *Rufino Tamayo* (1899–1991). Der berühmte und bis ins hohe Alter produktive Maler, der in späteren Jahren sein Atelier in Mexiko-Stadt unterhielt, vermachte dem Staat seine Sammlung präkolumbischer Objekte. Um die 1200 Exponate repräsentieren die Kunst der alten Völker in fünf Sälen des früheren *Inquisitionspalastes*, dem heutigen **Museo Rufino Tamayo** ❼ (Morelos 503, Tel. (01) 951/516 47 50, Mo, Mi–Sa 10–14 und 16–19, So 10–15 Uhr).

Im Oaxaca-Tal lebt die *Guelaguetza-Tradition*: ein Tanzfestival, das aus präkolumbischen Zeiten datiert. Wie vor fünf Jahrhunderten finden die Tänze auf dem **Cerro del Fortín** ❽ statt, dem ›Hügel des kleinen Forts‹.

Ausflüge

Auf dem Weg von Oaxaca nach Osten, Richtung Mitla, passiert man nach 12 km **Santa María El Tule**. Schon von weitem zieht eine gewaltige **Sabino-Zypresse** den Blick an. Sie ist um die 2000 Jahre alt, rund 40 m hoch und der Umfang des Stammes beträgt fast 50 m. Kinder weisen die Besucher auf eine Reihe von Verformungen der Äste hin, die an Tierfiguren erinnern.

10 km weiter ist **Dainzú** erreicht, das 1km rechts (südlich) der Straße liegt. Die 1965 entdeckte Stätte war von 750 v. Chr. bis 1100 n. Chr. besiedelt, vermutlich zunächst von Olmeken, dann von Zapoteken. Am *Edificio A* ist ein Relief erhalten, das Ballspieler bei ihrer kultischen Handlung zeigt. Beim *Edificio B* entdeckte man ein Jaguargrab. Der Ballspielplatz wurde bislang noch nicht ausgegraben.

Auf der weiteren Fahrt Richtung Mitla zweigt links die Straße nach **Teotitlán del Valle** ab, einem Zentrum der *Webkunst*, dessen Bewohner Motive moderner Malerei (Picasso, Matisse, Klee) in ihre Webarbeiten, Teppiche, Umhänge, Tischdecken, integrieren. In der lokalen Barockkirche entdeckt man von den Zapoteken behauene Steine.

Kurz darauf liegt nur 30 m rechts der Straße die archäologische Stätte **Lambityeco** (tgl. 10–17 Uhr) mit Gräbern, Altären, Friesen und Skulpturen. In der Blütezeit (600–750 n. Chr.) dieses Zapotekenortes sollen hier 3000 Bewohner vom Salzhandel gelebt haben. Lambityeco heißt übrigens ›Hügel der (Salz-)Öfen‹.

37 km hinter Oaxaca erreicht man dann 1,5 km links (nördlich) der Straße **Yagul** (tgl. 10–17 Uhr), einen Kultort der Zapoteken, der später von den Mixteken übernommen wurde. Die von Agaven und Kakteen überwucherte archäologische Stätte erlebte ihre Blütezeit in den Jahren 900 bis 1200.

ℹ Praktische Hinweise

Information

Oficina de Turismo, Murguía 206, Centro Histórico, Oaxaca, Tel. (01) 951/516 01 23, www.aoaxaca.com

Hotels

TOP TIPP

*****Camino Real**, Calle 5 de Mayo 300, Oaxaca, Tel. (01) 951/501 61 00, www.caminoreal.com/oaxaca. Die 91 Zimmer im ehem. Kloster Santa Catalina sind luftig, die Einrichtung besteht zum großen Teil aus indianischem Kunsthandwerk. Die nachträglich eingebauten Bäder wurden mit 300 Jahre alten Fliesen verkleidet.

***Principal**, Calle 5 de Mayo 208, Oaxaca, Tel. (01) 951/516 25 35. 16 Zimmer in einem stimmungsvollen Kolonialhaus.

Restaurant

Hostería de Alcalá, Alcalá 307, Oaxaca, Tel. (01) 951/516 20 93, www.hosteriadealcala.com. Geschmackvoll eingerichtetes Kolonialhaus, in dem köstliche regionale Gerichte serviert werden.

Im Hotel Camino Real nächtigte schon das spanische Königspaar

*Monte Albán – eine der gewaltigsten Anlagen ▷
präkolumbischer Zeit*

39 Monte Albán   *Plan Seite 89*

 *Bei ihrem Eroberungsfeldzug über-
sahen ihn die Spanier: Monte Albán,
›weißer Berg‹, heißt das hoch
gelegene Zeremonialzentrum der
Zapoteken.*

Auf einem Bergplateau in 1950 m Höhe
(11 km südwestlich von Oaxaca) liegen
die Tempel, Paläste, Gräber und Plattformen von Monte Albán (tgl. 8–18 Uhr).
Viele Jahrhunderte lang wurde hier gebaut, doch die größte architektonische
Leistung stammte von den Vorgängern
der Zapoteken, den **Olmeken** [s. S. 12]. Um
800 v. Chr. trugen sie die Kuppe des
Berges ab, schufen auf diese Weise eine
riesige Plattform für ihre Tempel. Von 500
v. Chr. bis 900 n. Chr. war Monte Albán
dann bewohnt. In diese Zeit fällt die Kultur der **Zapoteken**, die hier die wichtigsten und größten Bauten errichteten.
Monte Albán war ihr Kult- und Macht-
zentrum – bis zu 30 000 Menschen haben

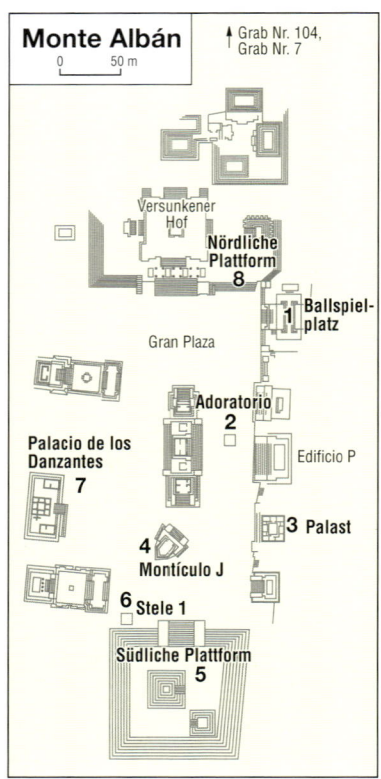

vermutlich zeitweise hier und an den
Abhängen des Berges gelebt. Was zum
Niedergang der Stadt führte, ist noch
ungeklärt. Auf die Zapoteken folgten die
Mixteken, die den Ort ab 1000 bis ca. 1500
primär als Grabstätte nutzten.

Der Weg führt, vorbei an den rechter
Hand liegenden Palacios del Norte auf
der nördlichen Plattform, zum Herz der
Anlage, der **Gran Plaza** (200 x 300 m). Der
Platz ist gesäumt von Stufenpyramiden
und Palästen, die sich auf künstlich errichteten Terrassen erheben. Freitreppen
führen hinauf. Auch in der Mitte des
Platzes sind mehrere Bauten hintereinan-
der aufgereiht.

Man beginnt den Rundgang am besten im Uhrzeigersinn. Linker Hand liegt
zunächst der **Ballspielplatz** [1] (Juego de
Pelota; zapotekische Epoche), nicht sehr
groß und ohne Ring [s. S. 112]. Er ist gut
restauriert worden und seine Funktion ist
deutlich zu erkennen, vor 1300 Jahren war
er vermutlich umfassend bemalt. Um den
Platz gruppieren sich Fundamente von
vier Tempeln. Die südlich des Ballspielplatzes liegenden Plattformen trugen
früher wahrscheinlich Verwaltungs- oder
Wohnräume der Priester-Herrscher. Dann
trifft man – zur Gran Plaza hin – auf das
Adoratorio [2], einen in einer Grube liegenden Schrein, in dem man eine Maske
aus Jade in Gestalt einer Fledermaus fand
(heute im Museo Nacional de Antropología von Mexiko-Stadt). Das Adoratorio
wird auf die Zeitenwende datiert. Der

sich an die Plattform **Edificio P** anschließende **Palast** [3] diente wohl Zapotekenpriestern als Wohnhaus. In seinem Hof findet sich ein kreuzförmiges zapotekisches Grab, das um nach 900 entstand.

Das auffallendste Gebäude der Gran Plaza befindet sich am Ende der mittleren Gebäudereihe, gegenüber dem Aufgang zur Südlichen Plattform. Dieser **Montículo J** [4] genannte Bau ist in seiner Ausrichtung gegenüber allen anderen Bauwerken um 45 Grad versetzt und hat die Form einer Pfeilspitze. Er wurde um das Jahr 100 erbaut und diente möglicherweise als *Observatorium*. An der Außenwand sind ›Eroberungsglyphen‹ zu sehen, deren Elemente dem Betrachter mitteilen, welcher Herrscher welchen Ort unterworfen hat. Von einer Galerie aus erreicht man einen durch das Gebäude führenden Tunnel.

Die **Südliche Plattform** [5] schließt die Plaza gen Süden ab. An ihrer Nordwestecke erhebt sich die **Stele 1** [6]. Sie zeigt einen Jaguar mit einer Lanze, den Kopfschmuck des Regengottes tragend. Weitere hier gefundene Stelen befinden sich in Mexiko-Stadt.

Der **Palacio de los Danzantes** [7] an der Südwestseite der Gran Plaza gehört zu den bekanntesten Bauwerken von Monte Albán. *Galería de los Danzantes* heißt eine Mauer mit riesigen Reliefplatten, in die menschliche Figuren eingemeißelt sind. Ihre Augen sind geschlossen, die Körper seltsam verrenkt, nur mit

viel Fantasie an Tänzer erinnernd. Sie wurden auch als Tote und Lehrbilder für Anatomiestudien interpretiert. Darunter oder auch neben den Köpfen der ›Tänzer‹ befinden sich Hieroglyphen, die wahrscheinlich die Namen der Abgebildeten festhalten. Bislang gelang es Wissenschaftlern nicht, die kurzen Hieroglyphen – die vermutlich ältesten Mesoamerikas, sie stammen aus der Zeit 500 v. Chr. – zu entziffern. Eine Erklärung erfuhren aber

Die Danzantes – warum sie ›tanzen‹, weiß bisher niemand

einige verwendete Bilder. So bedeutet eine stilisierte Pyramide eine Ortschaft, eine zusammengeschnürte Tasche ›Ende der Inschrift‹. Die Reliefs sind Kopien aus Fiberglas, die Originale befinden sich im Museum von Monte Albán und in Mexiko-Stadt. Das Danzantes-Bauwerk ist rechteckig, auf ihm liegen drei Gebäude, vermutlich Priesterwohnungen und Tempel, die in der Zeit von 400 v. Chr. bis 500 n. Chr. entstanden. In das Gebäude führen zwei von Archäologen geschaffene Tunnel, von denen aus man die Bautechnik in Augenschein nehmen kann.

Die große **Nördliche Plattform** [8] birgt einen ›Versunkenen Hof‹ mit vier Treppen und einem abgeschrägten Altar sowie eine Doppelreihe mit Resten gewaltiger Säulen, die früher vermutlich das Dach eines Säulengangs trugen. Bei Sonnenuntergang genießt man von dieser Plattform aus einen herrlichen Blick auf das erleuchtete Oaxaca und das Tal.

Nordwestlich der Nördlichen Plaza lassen sich noch einige Gräber besichtigen, darunter **Grab Nr. 104**, um die Zeitenwende angelegt, mit einem Spitzdach und Mauernischen. Es wurde von den Zapoteken zu einer Kreuzform vergrößert und enthält mehrere Fresken von Göttern. Das Grab wurde ab 1400 von den Mixteken genutzt. Über dem Eingang sieht man eine Ton-Urne des Maisgottes Cocijo. Das berühmte **Grab Nr. 7** liegt unter der Treppe eines Tempels und wurde vermutlich um das Jahr 1000 von den Zapoteken angelegt und um 1250 von den Mixteken mit 500 Objekten ausgestattet.

40 Zaachila

›Ort der Herrschaft‹, die letzte Hauptstadt der Zapoteken.

In dem kleinen Dorf Zaachila (18 km südlich von Oaxaca) machte der Archäologe *Alfonso Caso* 1962 – unter dem Schutz von Soldaten, da die einheimische zapotekische Bevölkerung die Untersuchung der Gräber ihrer Vorfahren ablehnte – einen Aufsehen erregenden Fund: Ausgegraben wurden zwei unversehrte **zapotekische Kammergräber**, angefüllt mit Grabbeigaben aus Gold, Silber und Jade. In der Fassade des ersten Grabes entdeckte man zwei Jaguare und den König der Totenwelt: ein Herz mit Schlangenkopf. In Grab II sind zwei Stuck-Eulen die Wächter der Dunkelheit. Mittlerweile gilt

Die Eule wacht in Zaachila über die Toten der Zapoteken

◁ *Es ist die reiche Dekoration, die den Tempeln von Mitla ihre Bedeutung verleiht*

es als gesichert: Zaachila (tgl. 10–18 Uhr) war die letzte Hauptstadt (1000–1521) der Zapoteken.

Lohnend ist ebenfalls ein Besuch der im 18. Jh. errichteten **Pfarrkirche**. Bei genauerem Hinsehen lassen sich diverse von den Zapoteken bearbeitete Steine ausmachen, die die Spanier in das Gotteshaus integrierten. Der Hügel hinter der Kirche, bisher nur ›angegraben‹, birgt einen zapotekischen Tempel.

41 Mitla

Die ›Griechen der Neuen Welt‹ nannte man die Reliefkünstler von Mitla.

Im Vergleich zu anderen Grabungsgeländen des Landes ist Mitla (45 km von Oaxaca, tgl. 8–17 Uhr) nur klein. Seine Fassadendekorationen verleihen ihm jedoch herausragende Bedeutung.

Geschichte Die erste Besiedlung Mitlas erfolgte zwischen 100 und 500 n. Chr., als sich **Zapoteken** hier niederließen. ›Liobaa‹, ›Ort des Begräbnisses‹, nannten sie die Stätte, an der sie (nachweislich ab dem Jahr 500) zwischen Tempeln und Palästen ihre Toten bestatteten. Im 10. Jh. verließen sie das Tal aus bisher unbekannten Gründen. Erst im 12. Jh. nahmen die **Mixteken** Besitz von den mittlerweile unter dichter Vegetation versteckten Gebäuden und nannten den Ort ›Micatlán‹, ›Begräbnisstätte‹. Der Höhepunkt ihrer Bautätigkeit war um 1350 erreicht. Die Spanier zerstörten dann den heiligen

Platz, dessen Namen ihnen die Azteken als ›Mitla‹, ›Platz der Toten‹, angaben. Seit 1888 wird hier gegraben.

Besichtigung Schon von fern sieht man die hinter dem Ort auf einem mixtekischen Palast stehende katholische **Kirche** der Spanier. Sie wurde mit Steinen des zuvor zerstörten präkolumbischen Sakralbaus auf dessen Grundmauern errichtet. Insgesamt *fünf Gruppen* von Palästen und Verwaltungs- (Priester-)Gebäuden, die sich am Río Mitla erstrecken, lassen sich unterscheiden. Außerhalb der Umzäunung steht die **Grupo Norte**, auch Grupo Iglesia, die Kirchengruppe mit ihren roten Kuppeln, die 1590 auf dem zerstörten Mixtekentempel errichtet wurde. An der Nordseite des Innenhofes sind noch einige gegenständliche Fresken zu erkennen. Vor dem Bauwerk steht ein großer Feigenbaum (*Higo*).

Nach Betreten der archäologischen Stätte gelangt man zunächst zum **Palacio de las Columnas**, dem Palast der Säulen. Er besteht aus zwei Patios, die von je vier Gebäuden umstanden sind. Zur Plattform, auf der der erste Hof liegt, führt eine Freitreppe hinauf. Dort gelangt man zunächst zu sechs gewaltigen *Säulen*, die früher vermutlich ein Dach trugen und dem Komplex seinen heutigen Namen gaben. Durch einen schmalen und niedrigen Eingang kommt man in den Patio.

An der Nordseite dieses Hofes steht das **Edificio de Grecas** (der Griechen), so genannt wegen der mäanderförmigen Steinornamente (Stufenmäander), die in 16 geometrischen Variationen aus mehr als 100 000 Kalksteinziegeln bestehen. Die kunstvollen Muster sind aus dem 30 cm dicken Stein herausgearbeitet und nur scheinbar ein Mosaik. Sie wurden technisch so geschickt – hinten konisch zulaufend und mit Lehm verfugt – aneinandergefügt, dass sie bei Erdbeben Spielraum hatten, elastisch reagierten und dadurch nicht zerstört wurden. Anders als in den übrigen präkolumbischen Stätten findet man in Mitla keinerlei figürliche Darstellung, sondern nur diese Form der Ornamentik. Es wird daher vermutet, dass es sich um eine symbolische Darstellung einer Gottheit handelt. Das Gebäude diente wahrscheinlich als Wohnung eines Hohepriesters.

Chiapas – dichte Wälder, imposante Pyramiden

Chiapas ist die südlichste und zugleich ärmste Region Mexikos. Ein Drittel (ca. 1 Mio.) der Bevölkerung sind Indianer, Nachkommen der Hochland-Maya, die häufig am Rande des Existenzminimums leben. Was Flora und Fauna betrifft, gehört Chiapas zu den besonders artenreichen Gebieten. Nach einer dort wachsenden Salbeiart (*Chía*, lat. *Salvia hispanica*) benannten die Indianer das von der zerklüfteten **Sierra de Chiapas** dominierte Land. Große Teile des Bundesstaates sind noch heute bedeckt mit dichten **Regenwäldern**. Als Selva Lacandona wiederum bezeichnet man ein schwer zugängliches Regenwaldgebiet, in dem **Lakandonen** siedeln. Die etwa 1000 Mitglieder zählende, zurückgezogen lebende Gruppe ist ein Mayastamm. Ihre Existenzgrundlage gilt zunehmend als bedroht.

42 Tuxtla Gutiérrez und der Cañon del Sumidero

Ausgangspunkt für die Fahrt durch Chiapas.

Tuxtla Gutiérrez (500 000 Ew.), die Hauptstadt von Chiapas, ist modern und geschäftig. Die blumenreiche grüne Stadt mit vielen Parks und Gärten beherbergt einen bekannten **Zoo** (Di–So 9–16 Uhr), der ausschließlich Tiere der Region zeigt. Die meisten Touristen, die auf dem 40 km westlich der Stadt gelegenen Flughafen landen, lassen Tuxtla allerdings links liegen und fahren mit Sammeltaxis auf der Panamericana hinauf nach San Cristóbal de las Casas [Nr. 43].

20 km östlich von Tuxtla erreicht man **Chiapa de Corzo** mit einem viel fotografierten maurischen Brunnen auf der Plaza, der spanischen Königskrone nach-

Mit Ausflugsbooten kann man den Cañon del Sumidero mit seinen Schluchten erkunden

Die bescheidene Catedral Nuestra Señora de la Asunción prägt die Plaza 31 del Marzo

empfunden. Ein paar Schritte nur sind es zur Anlegestelle der Boote, mit denen man einen eindrucksvollen zwei- bis dreistündigen Ausflug in den **Cañon del Sumidero** unternehmen kann. Der Fluss wird immer enger, die Felswände werden immer steiler, bald ragen sie 1000 m senkrecht in den Himmel. Quellwasser dringt aus dem Fels, der teilweise bewachsen ist, Höhlen laden zu Entdeckungen, der Cañon offenbart sich als ein atemberaubender landschaftlicher Höhepunkt.

ℹ️ Praktische Hinweise

Information

Oficina de Turismo, Bulevar Belisario Domínguez 950, Tuxtla Gutiérrez, Tel. (01) 961/617 05 50, www.turismotuxtla.com.mx

Hotels

***Holiday Inn**, Bulevar Belisario Domínguez km 1081, Tuxtla Gutiérrez, Tel. (01) 961/617 10 00, www.holiday-inn.com. Größere Hotelanlage im maurischen Stil, außerhalb des Zentrums.

****Bonampak**, Bulevar Belisario Domínguez 180, Tuxtla Gutiérrez, Tel. (01) 961/602 59 25, www.hotelbonampak.com.mx. Modernes Haus, Treffpunkt der Stadt, mit einer gelungenen Reproduktion der ›Bemalten Wände‹ von Bonampak [s. S. 101].

43 San Cristóbal de las Casas

Kolonialstadt mit farbenfrohem Textilmarkt.

In Serpentinen windet sich die Panamericana von Tuxtla Gutiérrez ins Bergland hinauf. Dichte Kiefernwälder werden abgelöst von Maisfeldern, Hütten und kleinen Siedlungen. Barfüßige, mit schwerer Last bepackte Indianer quälen sich die Straße hinauf, schauen den vorbeifahrenden Bussen nach. In rote Ponchos gekleidete Kinder sitzen am Wegesrand und verkaufen gegrillte Maiskolben. Kurz vor San Cristóbal werden mehrere indianische Siedlungen passiert. Schon von weitem sichtbar leuchten die zum Verkauf angebotenen Webarbeiten. Nach zwei bis drei Stunden ist San Cristóbal erreicht. Die fast 100 000 Einwohner zählende Stadt, 2200 m hoch gelegen, gilt als ›Indianerhauptstadt des Landes‹.

Geschichte Der spanische Eroberer Diego de Mazariegos gründete die Ortschaft im Jahre 1528 und gab ihr den Namen Villa Real de Chiapa. Zum Fürsprecher der Indianer und zur historisch bedeutsamsten Figur der Stadt wurde der Dominikanerpater **Fray Bartolomé de las Casas** (1474–1566). Dieser lebte 1544–50 als Bischof von Chiapas in der Stadt und setzte sich für die Rechte der unterdrückten Indianer und gegen ihre gewaltsame Bekehrung zum Christentum ein. Berühmt ist seine Anklageschrift, ein

Händler bevölkern die Treppe vor der Kirche Santo Domingo de Guzman

›Kurzgefasster Bericht von der Verwüstung der Westindischen Länder‹. Ihm zu Ehren benannte man die Siedlung 1844 um. Und heute blickt der Bischof von einer Säule am Ortseingang auf die Besucher. San Cristóbal war bis 1892 Hauptstadt von Chiapas, bis es diese Position an Tuxtla Gutiérrez abtreten musste. Internationales Aufsehen erregte San Cristóbal 1994, als die Zapatisten, eine Guerillabewegung, die sich für die Rechte der Indianer einsetzt, die Stadt für einige Tage besetzten, bis die mexikanische Armee sie ins umliegende Bergland verdrängte. Touristen kamen dabei nicht zu Schaden.

Besichtigung San Cristóbal zeigt das typische Schachbrettmuster kolonialer Städte in der Anordnung der kopfsteingepflasterten Straßen. Am besten, man startet eine Besichtigung am Hauptplatz, der in San Cristóbal **Plaza 31 de Marzo** ➊ genannt wird. An der Nordwestecke der Plaza erhebt sich die **Catedral Nuestra Señora de la Asunción** ➋. Ihre Vorgängerin war eine kleine Adobekirche, deren Grundstein am Tage der Stadtgründung gelegt wurde. Trotz seiner bescheidenen Ausmaße erhob man das Gotteshaus im Jahre 1538 zur Kathedrale. Erst Mitte des 18. Jh. erfolgte der Umbau zur heute bestehenden Form. Im Inneren erhellen vergoldete barocke Altäre und reich verziertes Deckengebälk das Halbdunkel.

17 Arkadenbögen schmücken den **Palacio Municipal** ➌, der die westliche Front der Plaza dominiert. Über 50 Jahre dauerte die Vollendung des 1855 begonnenen Bauwerks, das als eindrucksvolles Beispiel des damaligen lateinamerikanischen Architekturstils gilt. Die **Casa de Don Diego de Mazariegos** ➍ an der Südseite der Plaza im plateresken Stil ist wohl die Residenz des Stadtgründers.

Ein gutes Stück die Straße Diego de Mazariegos hinunter kommt man zum einstigen Konvent des Mercedarierordens, einem weißen Kolonialbau von 1536. Es beherbergt das **Museo del Ámbar** ➎ (Diego de Mazariegos S/N, Parque de la Merced, Tel. (01) 967/678 97 16, www.museodelambar.com.mx, Di–So 10–14 und 16–19.30 Uhr), das ganz dem Bernstein gewidmet ist. Der Rohstoff wird im Hochland von Chiapas in kleinen Minen gefördert und stammt von Bäumen, die vor etwa 22 Mio. Jahren wuchsen. Die Ausstellung zeigt in Bernstein eingeschlossene Tiere und Pflanzen und zauberhaft geformte Schmuckstücke.

Sechs Häuserblocks weiter in nördlicher Richtung gelangt man zu einem weiteren Juwel der Stadtgeschichte: Die **Iglesia de Santo Domingo** ➏ und das nebenan liegende Kloster wurden zur ersten Heimat des Dominikanerordens in Chiapas. Erbaut wurden sie von indianischen Arbeitskräften, die die Eroberer den Dominikanerpriestern zuteilten. 1551 erfolgte die Einweihung. Jeder Quadratzentimeter der *Kirchenfassade* ist mit steinernen Ornamenten verziert. Gedrehte Säulen und in Nischen angebrachte Heiligenfiguren gliedern die Front ebenso wie der Habsburger Doppeladler, das Wappen Kaiser Karls V. Auch das *Innere* ist reich dekoriert und prunkt mit goldenen Altären. Besonders sehenswert ist die prachtvoll verzierte hölzerne Kanzel (19. Jh.).

Unter den alten Bäumen rund um die Kirche findet ab Sonnenaufgang ein farbenprächtiger **Textilmarkt** statt. Indianerinnen hocken auf dem Boden und verkaufen ihre handgewebten Blusen, fröhlich bunte Decken und Tücher, dazu selbst gefertigtes Spielzeug. Die Auswahl ist groß und die Atmosphäre freundlich. Informationen über die Trachten und ihre ethnische Zuordnung erhält man übrings im ehem. Kloster Santo Domingo. Dort residiert die angesehene Indígena-Genossenschaft *Sna Jolobil*.

Ein Spaziergang führt weiter auf der Avenida Utrilla in nördlicher Richtung. Zahlreiche Kunstgewerbegeschäfte säumen den Bürgersteig. Auf dem täglich stattfindenden **Mercado** ❼ verkaufen Tzeltal- und Tzotzil-Indianer (beide Stämme gehören zu den Maya) Gemüse und Brennholz, Hühner und Korbwaren. Fotografieren wird nicht gern gesehen.

Jahrmillionen alt ist der Bernstein, der im Museo del Ambar zu sehen ist

Bei Ethnologen und Mayaforschern wohlbekannt ist das ›Haus des Jaguars‹: **Na Bolom** ❽ (Avenida Vicente Guerrero 33, Tel. (01) 967/678 14 18, www.nabolom.org, tgl. 10–17 Uhr, engl. Führungen tgl. 16.30 Uhr, mit Restaurant und Hotel) – so tauften Gertrude Duby Blom [s. S. 96] und ihr Mann, der dänische Archäologe Frans Blom, ihr Haus, das sie um 1960 erwarben. Es wurde zum Treff für europäische Intellektuelle und nordamerikanische Mayaforscher. Über das Lebenswerk des Paares wird täglich in Na Bolom im Rahmen einer zweistündigen Führung berichtet. Zu sehen bekommen Besucher auch die seinerzeit von Frans Blom eingerichtete Bibliothek und die von seiner Frau geschaffenen Gärten.

Einen Besuch lohnt auch das **Museo de la Medicina Maya** ❽ (Avenida Salomón González Blanco 10, Tel. (01) 967/678 54 38, www.medicinamaya.org, Mo–Fr 10–18, Sa/So 10–17 Uhr) nördlich des Mercado. Es ist Teil des CEDEMM (Centro Regional de Desarollo de la Medicina Maya), in dem traditionelle indigene Heiler fortgebildet werden. Mehrsprachig (auch deutsch) werden Besucher mit der

Medizin der Maya vertraut gemacht, lernen Heilkräuter, Öle und alternative Therapieformen kennen. In einem angeschlossenen Verkaufsraum lassen sich viele der Heilmittel preiswert erwerben. Besucht man das Museum vor einem Ausflug in die umliegenden Indígena-Gemeinden, versteht man das dort Gesehene und Erlebte wesentlich besser.

ℹ Praktische Hinweise

Information

Oficina de Turismo, Palacio Municipal, Plaza 31 de Marzo, San Cristóbal de las Casas, Tel. (01) 967/678 06 65

Oficina de Turismo, Avenida Hidalgo 1 B, San Cristóbal de las Casas, Tel. (01) 967/678 14 67, www.turismochiapas.gob.mx

Hotels

**Rincón del Arco, Ejército Nacional 66, San Cristóbal de las Casas, Tel. (01) 967/678 13 13, www.rincondelarco.com. Weitläufiger Kolonialbau in ruhiger Lage außerhalb des Zentrums.

**Sol y Luna, Calle Tonalá 27 (Barrio del Cerrilo), San Cristóbal de las Casas, Tel. (01) 967/678 57 27. Hübsches Kolonialhaus mit grünen Patiogärten. Auch Ausflüge in die Umgebung.

Die Lakandonen leben in den Urwäldern von Chiapas

Gertrude Duby Blom – ein Leben für die Lakandonen

1963 verstarb Frans Blom, der an der Entdeckung und Kartografierung zahlreicher Mayastätten mitgearbeitet hatte. Seine Frau Gertrude Duby Blom widmete sich der Schwarzweiß-fotografie. Sie dokumentierte das Leben der in den Regenwäldern von Chiapas wohnenden Lakandonen – **Indianer**, die im Einklang mit der Natur und ihren

*Palacio de Moctezuma, Avenida Benito Juárez 16, San Cristóbal de las Casas, Tel. (01) 967/678 11 42. Stilvolles Kolonialhaus mit mehreren Patios. Europäische Küche.

Restaurants

Café Museo Café, M. A. Flores 10, San Cristóbal de las Casas, Tel. (01) 967/678 78 76. Café mit überdachtem Innenhof und einem kleinen Kaffeemuseum.

Madre Tierra, Insurgentes 19, San Cristóbal de las Casas, Tel. (01) 967/678 42 97. Vorwiegend vegetarische Gerichte, auch einige regionale Fleisch-Spezialitäten. Mit einer guten Bäckerei.

44 San Juan Chamula

Ein von Indianern des Chamula-Stammes bewohntes Dorf auf über 2000 m Höhe.

Weit verstreut liegen die Hütten und Felder der in der Umgebung siedelnden Indígenas. Noch heute tragen die Männer ihre Tracht: einen dick gewebten Umhang (*Sarape*) aus schwarzer oder weißer Wolle, dazu einen Strohhut. Die Frauen kleiden sich in dunkelblauen Wickelrock

Göttern lebten. Aus einem Hobby erwuchs eine Lebensaufgabe. Die Schweizer Pastorentochter, die 1943 aus Deutschland emigrierte, porträtierte hier einen Indianerstamm, der, bedingt durch das Vordringen der Zivilisation und das Abholzen des **Regenwaldes**, dem Untergang geweiht ist. Immer wieder fotografierte sie die in weiße Tuniken gekleideten Menschen, von deren harmonischem Leben mit dem Dschungel sie begeistert war.

Die Jahre vor ihrem Tod 1993 waren von Enttäuschungen geprägt: Viele Lakandonen passten sich dem westlichen Lebensstil an, Alkoholmissbrauch griff um sich. Dieser Prozess verstärkte sich noch, als 1996 ihr Freund Chan Kin Viejo, der spirituelle Führer der Lakandonen, verstarb. Heute leben einige Lakandonen-Stämme zwar noch im Urwald Selva Lacandona und werden von der mexikanischen Regierung im Rahmen eines Modellprojekts gefördert, ob das den Untergang ihrer Kultur aber verhindern kann, erscheint zweifelhaft.

Einzigartig in der präkolumbischen Architektur: der vierstöckige Turm im Gran Palacio von Palenque

und weiße Bluse mit hellblauem Schultertuch. Auf dem Weg nach San Juan Chamula werden zunächst die Außenbezirke von San Cristóbal passiert. Hier wohnen Indianer, die zum protestantischen Glauben konvertiert sind. Schon seit Jahren missionieren US-amerikanische Adventisten, Mormonen und Presbyterianer erfolgreich unter den Indianern Mittelamerikas. Wer sich zu einer der protestantischen Sekten bekennt, wird von katholischen Dorfgenossen allerdings ausgestoßen.

In San Juan Chamula leben die Bewohner nach den Gesetzen ihrer Vorfahren. Fremden gegenüber – und das sind für die Chamula nicht nur Touristen, sondern auch die mexikanischen Ladinos – zeigt man ein äußerst reserviertes Verhalten. So herrscht absolutes Fotografierverbot in der Kirche und bei religiösen und politischen Versammlungen.

Am Rande der großen, für das kleine Dorf überdimensioniert wirkenden Plaza liegt die **Kirche**, für deren Besuch man beim Palacio Municipal gegenüber Tickets kaufen kann. Auf dem Kirchenfußboden liegen wohlriechende Kiefernnadeln, Zweige und Äste. Es gibt weder Bänke noch Stühle. Männer und Frauen kauern herum, murmeln in ihrer indianischen Sprache die Gebete. Andere unterhalten sich oder essen ihre mitgebrachten Speisen. Die Heiligenfiguren

des Johannes, Petrus und Nikolaus blicken von den Wänden. Einige sind in rosa Tüll und bunte Baumwollstoffe gekleidet, andere weisen Beschädigungen auf. Unter den Gläubigen kreisen Flaschen mit *Posh*, einem selbst gebrauten Zuckerrohrschnaps, der seit jeher Bestandteil indianischer Zeremonien ist.

45 Palenque

Plan Seite 98

 Palenque, von dichtem Regenwald umgebene Mayastätte, ist Höhepunkt jeder Mexikoreise.

Das archäologische Gelände gehört zu den beeindruckendsten ganz Mesoamerikas: Im Randgebiet der Selva Lacandona, umgeben von dichtem Regenwald, erheben sich Paläste, Pyramiden und Tempel der Maya. Die Anlage befindet sich etwa 10 km von der gleichnamigen Stadt entfernt.

Geschichte Die Ursprünge einer Ansiedlung hier, mitten im Urwald, reichen bis um 300 v. Chr. zurück. Der Ort entwickelte sich im Laufe der Zeit zu einer immer größeren und bedeutenderen Kultstätte der Maya. Über einen Radius von 8 km erstreckten sich die Viertel des *Stadtstaates* in seiner Blütezeit, mit Wohnhäusern, Marktplätzen, Brücken und Zis-

97

ternen an der Peripherie. Das Zentrum lag am *Río Otulúm*. Seine kulturelle Blüte erlebte Palenque vom 7. bis 9. Jh. und wurde vermutlich im 9. Jh. von seinen Bewohnern verlassen. Bei der Ankunft der Spanier, die die Region 1525 erreichten und von der Stätte keine Kenntnis erhielten, hatte der Urwald bereits von den Gebäuden Besitz ergriffen. Erst 1785 bekam die spanische Verwaltung Hinweise auf die Existenz der Anlage.

Dem mexikanischen Archäologen *Alberto Ruz Lhuillier* gelang 1952 die bisher wichtigste Entdeckung: Im Inneren des Templo de las Inscripciones (Pyramide der Inschriften) stieß er auf einen steinernen **Sarkophag**: Der erste Fund Mesoamerikas, der dokumentierte, dass die präkolumbischen Völker ihre Tempel auch als Grabstätten nutzten. Bei der beigesetzten Person handelt es sich um den Priester-König Pacal (615–683), einen der angesehensten Herrscher innerhalb der Mayadynastie von Palenque.

Noch immer werden im Rahmen des ›Sonderprojektes Palenque‹ Ausgrabungen vorgenommen. Bisher gefunden wurden rund 50 Ansiedlungen und etwa 150 Grabstellen. 1994 erfolgte eine weitere bedeutende Entdeckung: Westlich neben der Pyramide der Inschriften stieß man unter *Templo XIII* am Ende eines Ganges (der von einer bisher versteckten Tür abging) auf einen monolithischen Steinsarg. Bei der Öffnung des tonnenschweren Deckels fanden die Archäologen ein bisher luftdicht verschlossenes Skelett, dazu viele Grabbeigaben. Aufgrund von Analysen kam man zu dem Schluss, dass es sich um die Überreste einer einst 1,70 m großen und rund 40 Jahre alten weiblichen Person handelt. Das Gesicht war bedeckt mit einer Maske aus Jade und der Schädel wies die für Maya aus der herrschenden Kaste übliche modische Deformation auf, die nach hinten abgeflachte Form. Aus den Grabbeigaben ließ sich für die Bestattung der Zeitraum um 700 n. Chr. ermitteln.

Besichtigung An der Zufahrtsstraße nach Palenque (1,5 km) steht ein moderner Baukomplex, der das **Museum** (tgl. 8–16.45 Uhr) beherbergt. Hier erhält man historische Informationen zur Stätte und kann an einem Modell den Palastkomplex in seinem ursprünglichen Ausmaß studieren. Nebenan lädt ein Souvenirgeschäft zum Kaffee. Außerdem ist hier ein Zentrum zur Erforschung der Mayakultur untergebracht, das allerdings nur Journalisten und Wissenschaftlern offen steht.

Die Busse und Taxis halten auf einem großen Parkplatz unmittelbar vor dem Eingang zur *archäologischen Stätte* (tgl. 8–17 Uhr). In Weiß gekleidete Lakandonen verkaufen Souvenirs, meist Pfeil und Bogen. Vom Eingangsbereich führt der baumbestandene Weg nach wenigen Hundert Metern auf eine grüne Lichtung und gibt den Blick frei auf Palenques höchsten Tempel, den **Templo de las Inscripciones [1]**, zwischen 675 und 683 erbaut. Über acht Plattformen steigt die Treppe steil hinauf bis auf eine Höhe von 21 m. (Wem die Treppe nicht ganz geheuer ist, der kann den Tempel auch über einen leicht begehbaren Weg an der Rückseite erreichen.) Oben führen fünf nach Norden ausgerichtete Portale in die drei Kammergewölbe des Tempels. Im Halbdunkel des *mittleren Raumes* gut zu erkennen sind die *Hieroglyphen*, die dem Bauwerk seinen Namen gaben, einst 620 an der Zahl. Sie stellen vermutlich eine Chronik der dem König Pacal vorangehenden Mayaherrscher und der bedeu-

Palenque

Grupo C

0   50 m

P Parkplatz

Grupo Norte

Templo del Conde 7

Templo X

Ballspiel-platz 6

Templo XI

Museum

P

Eingang

Grab von Alberto Ruz Lhuillier

2 **Gran Palacio**

Acueducto

Templo XIII

1

Templo de las Inscripciones

Templo de la Cruz 4

3 **Templo del Sol**

5 **Templo de la Cruz Foliada**

Casa del Jaguar

Río Otulúm

Die einstige Maya-Kultstätte Palenque fasziniert durch ihre Bauten – wie die Pyramide der In-schriften – ebenso wie durch ihre Lage tief im Urwald

tendsten Ereignisse während seiner eigenen Regierungszeit dar. Lesbar ist die Zahl 692, vermutlich das Jahr der Fertigstellung der Inschrift. Im Tempelboden gähnt ein viereckiges Loch, in dem zunächst 45 und nach einer Kehre weitere 21 steinerne Treppenstufen fast senkrecht nach unten führen, ins Innere der Pyramide und 2 m unter die Erdoberfläche, zum *Grab des Königs Pacal*, des Erbauers der Pyramide. Von der Plattform vor dem Tempel bietet sich eine großartige Aussicht auf den gegenüberliegenden Großen Palast.

Dieser **Gran Palacio** [**2**] ruht auf einem ausgedehnten Podest von 100 × 70 m Seitenlänge. Ein 17 m hoher *Turm*, der möglicherweise als Sternwarte (Observatorio) diente, ragt aus einem der vier Höfe empor und beherbergt in seinem oberen Stockwerk einen *Altar*. An mehreren Gebäuden der Palastanlage sind *Stuckreliefs* mit der Darstellung von Kulthandlungen erhalten. An vier vorderen Säulen sind deutlich jeweils zwei Personen zu erkennen. Die Fenster zeigen die Form eines T, Symbol des Windgottes Ehecatl. Drei *Tunnel* führen von der Anlage zu den nördlichen Tempeln. An der Ostseite des Palastes entdeckt man Tafeln mit Würdenträgern sowie ehem. *Waschräume* und *Toiletten*. Hinter dem Palast verläuft der Río Otulúm in einem unterirdischen *Aquädukt*.

Auf der gegenüberliegenden Seite des kleinen Flusses liegt – umgeben von dichter subtropischer Vegetation – die in sich geschlossene *Grupo del Sol*, eine Plaza mit drei Pyramiden und Tempeln. Der **Templo del Sol** [**3**], 692 fertig gestellt, steht auf einem Unterbau von fünf Terrassen. Drei *Portale* führen hinein, das mittlere ist doppelt so breit wie die beiden anderen. Innen sieht man ein *Flachrelief*: einen Schild mit zwei gekreuzten Lanzen, das Symbol des Sonnengottes. Der Schild ruht auf einem Schrein, der von zwei Figuren getragen wird. Daneben sieht man zwei Priester, die möglicherweise Pacal und seinen Sohn Chan Bahlum (684–708) darstellen. Die *Crestería* (der Dachkamm) des Tempels ist hervorragend erhalten. Diese Aufbauten haben ausschließlich dekorativen Charakter. Sie sind vielfach durchbrochen und teilweise reich verziert und verleihen dem Gebäude ein monumentales Erscheinungsbild. Wegen der leichten Bauweise wurden die meisten von ihnen bei Erdbeben zerstört.

Der **Templo de la Cruz** [**4**] (692 errichtet) erhielt seinen Namen von dem Abbild einer in Kreuzform stilisierten Maispflanze, das sich jetzt im Museo Nacional de Antropología von Mexiko-Stadt befindet. Das Relief des berühmten ›Pfeifenrauchers‹ der Maya zieht viele Besucher an. Die Cresteria blieb ebenfalls erhalten.

Besonders während der Trockenzeit sind die Wasserfälle von Agua Azul von herrlichem Blau

Im **Templo de la Cruz Foliada** [5] (Blätterkreuztempel) aus dem Jahr 692, gegenüber dem Sonnentempel gelegen, barg man ein gut erhaltenes *Relief* einer kreuzförmigen Maisstaude, deren Blätter als Menschenköpfe gestaltet sind; Dach und Gebäude sind stark zerfallen. Zwischen dem Großen Palast und den Nordtempeln liegt der **Ballspielplatz** [6], relativ bescheiden in den Ausmaßen und mit Gras überwuchert. Neben den fünf Nordtempeln steht der **Templo del Conde** [7], der Tempel des Grafen, 650 errichtet. Auf dem Dach sollen der österreichische Reiseschriftsteller Graf Friedrich von Waldeck und seine Freundin im Jahr 1832 kampiert haben, daher der Name.

Ausflug

Etwa 60 km südwestlich von Palenque (an der MEX 199 in Richtung Ocosingo) stürzen die **Cataratas de Agua Azul** über ungezählte Kaskaden durch dichten Urwald. Auf Wanderwegen entlang ihrer Ufer kann man in den Urwald vordringen, am unteren Ende sogar Baden.

ℹ Praktische Hinweise

Information

Oficina de Turismo, Avenida 5 de Mayo, Palenque, Tel. (01) 916/345 03 56, www.turismochiapas.gob.mx,

Hotels

****Plaza Palenque**, Carretera Catazajá km 27, Palenque, Tel. (01) 916/345 05 55, www.hotelesplaza.com.mx. Komforthotel am Stadtrand mit Pool, Bar und recht gutem Restaurant.

***Chan-Kah Resort**, Ctra. Ruinas km 3, Palenque, Tel. (01)916/345 11 34, www. chan-kah.com.mx. 80 Zimmer in einer weiten Anlage im Grünen.

***Hotel Xibalba**, Calle Merle Green, 9, La Canāda, Palenque, Tel. (01)916/345 04 11, www.hotelxibalba.com. Gemütliches Hotel mit gutem Restaurant.

Restaurant

Maya, Independencia/Hidalgo (Parque Central), Palenque, Tel. (01) 916/345 00 42, www.mayarestaurante.com. Beliebtes Restaurant mit regionaler und internationaler Küche.

46 Bonampak

Tempelstadt der Maya im Urwald mit herrlichen Wand- und Deckenmalereien.

Im Dschungel des tropischen Regenwaldes der Lakandonen, heute bequem auf einer schnurgeraden Piste erreichbar, liegt ein Kleinod der **Mayakultur** und einzigartiges Zeugnis ihrer **Kunst**, eines der wenigen, die Hinweise auf das Alltagsleben in der klassischen Epoche geben. Die Stätte (tgl. 9–16 Uhr) ist im Jahr 1946 entdeckt worden.

Man fährt von Palenque auf einer gut ausgebauten Straße Richtung Frontera

Corozal und biegt in San Javier (122 km) rechts auf eine Schotterstraße (8 km) nach Nacal-Há. Von diesem Ort führt dann eine Piste (9 km) nach Bonampak. Meist kann man sich auf der Strecke auch mit einem *Moto*, einem gewaltigen Dreirad mit Benzinmotor und Platz für zwei weitere Fahrgäste, transportieren lassen.

Nachdem man die Lichtung mit der Graspiste für Kleinflugzeuge überquert hat, gelangt man auf die **Gran Plaza** von Bonampak. Vor dem Besucher erhebt sich die Akropolis der Zeremonialstätte mit etwa zehn restaurierten Tempeln. Im rechten Bereich liegt auf halber Höhe ein mit einem großen Schutzdach versehener Tempel, der **Templo de las Pinturas**, mit drei Räumen und Eingängen. In jedem Raum sind die Decke und alle Wände bemalt – Bonampak heißt ›Bemalte Wände‹ – mit Darstellungen ziviler, militärischer und religiöser Handlungen und Rituale. Die Fresken stammen aus der Zeit um 800 n. Chr. Man erkennt Krieger, Gefangene, Frauen, Priester, Musiker. Die Farben Rot, Blau und vor allem Ocker herrschen vor.

Im ersten Raum erfolgten offenbar die Vorbereitungen und der Abmarsch zu einem Krieg oder einer Eroberung, die Krieger in den Darstellungen sind prächtig herausgeputzt. In den Szenen des zweiten Zimmers herrscht Kampfgetümmel, es werden Gefangene gemacht und Sklaven verschleppt. Im letzten Raum, mit Musikern und Instrumenten, wird vermutlich der Sieg gefeiert; eventuell kam es dabei zur Opferung der Gefangenen.

Die leuchtenden Farben, die Jahrhunderte überdauert hatten, begannen nach der Öffnung der Räume rasch zu verblassen. Einzelheiten sind leider nur noch auf Fotos und Kopien zu erkennen, z. B. auf einer Reproduktion im Anthropologischen Museum von Mexiko-Stadt und im Hotel Bonampak in Tuxtla Gutiérrez [s. S. 93].

47　Yaxchilán

TOP TIPP *In einer Schleife des Grenzflusses zu Guatemala thront nahezu unberührt die alte Mayastätte über den Ufern.*

Fast ganz umschlossen vom *Río Usumacinta* liegt Yaxchilán in dichtem Tropenwald, eine weitläufige Zeremonialstätte von ergreifender Schönheit und Eleganz. Man erreicht sie, indem man von San Javier weiter auf der Carretera Fron-

tera gen Südosten fährt; nach 15 km führt ein Abzweig, eine 18 km lange Schotterpiste, links nach Frontera Corozal, auf den Landkarten auch als Frontera Echeverría ausgewiesen. Von dort gelangt man nur per Boot nach Yaxchilán. Oberhalb des Usumacinta-Ufers trifft der Besucher auf ein überwältigendes Szenario – denn sieht man von den dortigen Wandmalereien ab, dann ist Yaxchilán von der gesamten Anlage her wesentlich aufwendiger und prächtiger gestaltet als Bonampak.

Der Ort erlebte seine Blüte ab dem Jahre 700, es war eines der großen Zentren des Mayareiches und unterhielt wirtschaftliche und kulturelle Verbindungen zu Tikal (Guatemala), Palenque und Copán (Honduras). Man gelangt auf den Hauptplatz, die **Gran Plaza**, von Plattformen und Pyramiden umstanden. Der größte Teil der auf den Tempeln ruhenden Dachkronen ist erhalten. Auffallend hoch ist der Dachaufbau beim **Palacio del Rey**, auf einem Hügel oberhalb des Hauptplatzes gelegen. Anders als in Palenque, wo Erdbeben die Dachkronen der meisten Tempel zum Einsturz brachten [s. S. 99], erkennt man den bienenwabenförmigen, luftigen Aufbau, der – ohne jede weitere Funktion – dem Gebäude offensichtlich ein erhabenes Aussehen verleihen sollte. Die Dachaufbauten waren meist noch mit Figuren oder Stuckdekoration geschmückt. Auch diese sowie die fein gearbeiteten Reliefs der Tempel sind zum größten Teil gut erhalten, da Yaxchilán lange Zeit schwer zugänglich und sogar vergessen war.

Die Entdeckung der Wandmalereien von Bonampak war 1946 eine Weltsensation

Die Halbinsel Yucatán – das Land der Maya

In Yucatán liegen, ähnlich wie im benachbarten Chiapas, außergewöhnlich viele **präkolumbische Monumente**. Zu den meistbesuchten Stätten gehören Chichén Itzá, Uxmal, Cobá und Tulum. An der **Karibikküste** findet man einige **Naturschutzgebiete** und dazu Luxushotels am Strand – auch touristisch gehört Yucatán zu den bedeutendsten Regionen Mexikos.

Auch dieses Gebiet wurde von den Spaniern 1528 erobert, jedoch kam es, begünstigt durch die abgeschiedene Lage, bis zur Mitte des 17. Jh. immer wieder zu Aufständen der Ureinwohner. Als die Spanier 1821 Yucatán verließen, änderte sich an der Situation der Maya als unterdrückte und ausgebeutete Landarbeiter jedoch nicht viel. So kam es 1847 zu einer Revolte, dem ›Krieg der Kasten‹ (Guerra de las Castas), mit dem Ziel, die hellhäutigen Mexikaner zu vertreiben und die Yucatán-Halbinsel von Mexiko zu lösen. Nach einem Jahr hatte die Regierung die Gewalt jedoch wieder in der Hand.

48 Mérida

Die Hauptstadt Yucatans ist auch das kulturelle Zentrum der Halbinsel.

Die ›weiße Stadt‹ wird Mérida genannt, nicht nur wegen der Farbe der Häuser und Paläste. Auch die Bewohner kleiden sich mit Vorliebe in weiße Stoffe und die traditionelle Tracht der Frauen besteht aus einem weißen Hängerkleid mit einer farbenprächtig bestickten Passe.

Herz der Stadt (1 Mio. Einw.) ist die von prachtvollen kolonialen Gebäuden umgebene **Plaza Mayor**. Den von Lorbeerbäumen bestandenen Platz zieren ungewöhnliche Bänke, *Confidenciales* genannt: Ihre S-Form erleichtert zwei Personen die vertrauliche Unterhaltung. Die Ostseite der Plaza wird dominiert von der **Catedral** (1561–98), errichtet aus den Steinen eines zerstörten Mayatempels. An der Nordseite der Plaza thront der weiße **Palacio del Gobierno** (19. Jh.), ganz nach mexikanischer Sitte mit eindrucksvollen *Murales* ausgestattet. Ein Vierteljahrhundert benötigte der Maler *Fernando Castro Pacheco* (*1918) für ihre Fertigstellung.

◁ *Badeurlaub unter Palmen auf Yucatán – beispielsweise in Xcaret*

Folterungen, Feuer, Mord und Bücherverbrennung; es sind aufwühlende, anklagende Szenen, die Pacheco schuf. *›Krieg der Kasten‹* heißt ein Bild, das barfüßige, um ihr Leben kämpfende Indianer und hoch zu Ross angreifende Weiße zeigt [s. o.].

Der **Palacio Municipal** an der Westseite stammt aus dem Jahre 1542, wurde in wesentlichen Teilen 1733 und 1855 erneuert. Die südlich stehende **Casa de Montejo** (1546), der frühere Wohnsitz des Stadtgründers, beherbergt eine Bankfiliale.

Der **Paseo Montejo** ist ein breiter, von Bäumen flankierter Boulevard, noch heute erste Adresse. Einst residierten in den Palästen die zu Geld gekommenen Sisalhändler. Im aufwendigsten, dem im italienischen Renaissance-Stil erbauten Palacio Canton, wohnte Yucatáns Gouverneur. Heute beherbergt er das **Museo de Antropología** (Di–Sa 8–20, So 8–14 Uhr). Ausgestellt sind präkolumbische Artefakte der Maya sowie naturkundliche Exponate der Halbinsel. Am besten besucht man das Museum am späten Nachmittag und nimmt anschließend einen Drink in einem der zahlreichen Freiluft-Cafés auf dem Paseo.

Am Samstag abend ab 21 Uhr wird der Autoverkehr im Zentrum eingeschränkt

Chac und der Puuc-Stil

Furcht einflößend: Eine weit vorspringende Rüsselnase und ein sperrangelweit geöffneter Rachen, aus dem Reißzähne blitzen – so porträtieren die Maya ihren **Regengott Chac**. Als steinerne Maske ziert er zahlreiche Gebäude der sog. **Puuc-Region**. Puuc bedeutet ›Land der niedrigen Hügel‹, die Bezeichnung für eine Reihe von flachen Kalksteinhügeln im Nordwesten der Yucatán-Halbinsel, eine Gegend, in der während der postklassischen Periode mehrere prosperierende Städte zu überregionaler Bedeutung aufstiegen.

Die Bauwerke der Maya haben hier einige auffällige dekorative Merkmale, die man in anderen Regionen nicht findet. Der **Puuc-Stil** zeigt im unteren Bereich glatte Mauern mit vorstehenden (senkrechten) Friesen und umlaufenden Gesimsbändern, die reich verziert sind, vorwiegend mit **geometrischen Figuren** aus Steinmosaiken, jedoch auch mit Chac-Masken. Häufig sieht man als dekoratives Element auch reliefartige Darstellungen der traditionellen strohgedeckten Bambushütten der Maya.

An Samstagabenden herrscht Volksfeststimmung vor dem Palacio Municipal in Mérida

für **El Corazón de Mérida**, ein Fest mit Musik, Tanz und Schmausen auf den Straßen. Mérida lockt auch mit guten **Einkaufsmöglichkeiten** für landestypische Produkte wie Hängematten, Panamahüte, Körbe und bestickte Blusen. Lebhaft geht es zu auf den beiden **Mercados** (zwischen den Calles 65, 69, 54 und 56) südöstlich des Plaza Mayor. Auf beiden sollte man um den Preis handeln, frühmorgens und abends ist es am billigsten. Schönes Kunsthandwerk findet man auch in der **Casa de Artesanías** (Calle 63) westlich des Plaza Grande.

Nahe des Mercados zwischen den Calles 54 und 56 lohnt noch das **Museo de la Ciudad** (Calle 56, 529, Tel. (01)999/923 68 69, Di–Fr 9–20, Sa/So 9–14 Uhr) einen Besuch. Es nimmt den Besucher mit auf eine Reise von der Maya-Zeit über die koloniale Epoche bis zur Gegenwart der Stadt.

ℹ Praktische Hinweise

Information

Oficina de Turismo, Palacio Municipal, Calle 60/Calle 61, Mérida, Tel. (01) 999/924 92 90, www.merida.gob.mx

Hotels

**** **Casa del Balam**, Calle 60 Nr. 488 (Ekke Calle 57), Tel. (01)999/924 21 50, www.casadelbalam.com. Ein Art Deco-Schmuckstück gegenüber dem Peón Contreras-Theater, schicke Suiten im Haupthaus, moderne Zimmer im Anbau.

Wie von Zauberhand in den Urwald gestellt – die Pirámide del Adivino von Uxmal

**Caribe, Calle 59 Nr. 500/Calle 60 (Parque Hidalgo), Mérida, Tel. (01) 999/924 90 22, Fax (01) 999/924 87 33, www.hotelcaribe.com.mx. Ehem. Konvent mit ruhigem Patio-Restaurant.

** Trinidad, Calle 62 Nr. 464 (Ecke Calle 55), Tel. (01)999/923 20 33, www.hoteles trinidad.com; Kolonialstil mit Patios und Brunnen in der Nähe der Plaza.

Restaurants

Alberto's Continental Patio, Calle 64 Nr. 482/Calle 57, Mérida, Tel. (01) 999/928 53 67. Vorzügliche internationale und mexikanische Küche in stilvoller Umgebung.

Los Almendros, Calle 50 Nr. 493 (zwischen Calle 57 und 59), Mérida, Tel. (01) 999/928 54 59. Regionale Küche und yucatekische Spezialitäten.

49 Uxmal

Eine ungewöhnliche, oval geformte Pyramide mit fünf Tempeln.

›Die dreimal Gebaute‹ nannten die Maya ihr Zeremonialzentrum Uxmal (tgl. 8 –17 Uhr). Die Anlage ist nur von geringer Ausdehnung; auf einer Fläche von gera-

de mal 700 x 800 m gruppieren sich die Bauwerke. Vom Eingang aus gelangt man zunächst zur **Pirámide del Adivino**, der Pyramide des Wahrsagers, mitunter auch Pirámide del Enano, Pyramide des Zwerges, genannt. Der Legende nach soll sie nämlich von einem Zauberzwerg in nur einer Nacht erbaut worden sein. Ungewöhnlich ist ihr ovaler Grundriss, zudem besteht sie aus fünf ineinander verschachtelten Tempeln und dokumentiert eine bald 300-jährige Baugeschichte (ca. 700–1000). Reste des ersten Tempels stehen am Fuße der Pyramide, zwei weitere Tempel befinden sich im Inneren (auf halber Höhe). Da die Pyramide heute nicht mehr bestiegen werden darf, kann man lediglich von der östlich gelegenen Treppe einen Blick auf den Tunnel werfen, der ins Innere führt. Der *vierte Tempel* schließlich ist der prächtigste: Seine *Fassade* ist geschmückt mit der Maske des Regengottes Chac, dessen weit geöffneter Rachen den Eingang bildet. Insgesamt 118 besonders steile Treppenstufen führen zu einer Plattform auf 38 m Höhe. Hier befindet sich der fünfte – und jüngste – Tempel. Seine Räume enthalten reliefartige Verzierungen.

Nordwestlich dieses Tempels liegt das **Quadrángulo de las Monjas** (Haus der

Unzählige Chac-Masken zieren den Codz-Poop, den Palast der Mayastadt Kabah ▷

Nonnen), eine rechteckige Anlage aus vier Gebäuden, die sich um einen großen Patio gruppieren. Für den irreführenden Namen des Bauwerks sind die Spanier verantwortlich: Sie assoziierten die vielen kleinen Räume mit Klosterzellen. Vom Südbau gelangt man durch ein Kraggewölbe in den Innenhof. Auffällig sind die am Westgebäude angebrachten steinernen Verzierungen des *Regengottes Chac*. Der *Nordbau*, auf einer gewaltigen, 7 m hohen Plattform von 100 m Länge und 20 m Breite gelegen, kann vom Innenhof aus über eine Treppe betreten werden. Über eine Länge von 81 m erstrecken sich 13 Räume, darüber sieht man teilweise zerstörte, aufwendig gearbeitete steinerne Reliefs. Nachdem der **Juego de Pelota**, der Ballspielplatz, passiert wurde, nähert man sich der **Casa de las Tortugas**. Dieses zierliche Bauwerk verdankt seinen Namen einem Fries mit Schildkröten im oberen Teil des Hauses. Das Tier symbolisierte bei den Maya Wasser oder die Sonnenwende.

Über das Plateau gelangt man schließlich zum **Palacio del Gobernador** (Palast des Gouverneurs), dem aufwendigsten Gebäude der gesamten Region. Der 100 m lange Palast besteht aus einem Mittel- und zwei Seitenbauten, die durch Kraggewölbe miteinander verbunden sind. Indem seine Bauherren den Palast nach Südosten ausrichteten, war es ihnen möglich, vom Palast aus jene Stelle

Typisch für Uxmal: die Masken mit dem Rüssel des Regengottes Chac

am Horizont zu erblicken, an der der Morgenstern Venus zur Zeit seiner südlichsten Deklination aufgeht. Nicht nur der Planet wurde verehrt: Die Außengestaltung des Gouverneurspalastes wird dominiert von einem etwa 3 m hohen *Mosaikfries des Regengottes Chac*. Jede der Regengott-Masken trägt auf dem Unterlid das Symbol der Venus. 20 000 Steine (jeder zwischen 20 und 60 kg) bilden die über 200 Chac-Masken sowie die Kreuzornamente und Mäander. Südwestlich stehen die Ruinen der **Grupo Sur**. Hier ragt die **Gran Pirámide** empor.

ℹ Praktische Hinweise

Hotel

****Mayaland Hacienda Uxmal**, Carretera Mérida – Campeche km 78 (300 m vor der archäologischen Stätte), Uxmal, Tel. (01) 997/976 20 12, www.mayaland.com. Großzügige Anlage mit Pool und Patio.

Villas Arqueologicas Uxmal, 2 Poniente 601, San Andrés, Cholula Puebla, Tel. (01) 222/273 79 00, www.villasarqueologicas.com.mx. Schöne Apartments rund um einen grünen Innenhof.

50 Kabah

*Bedeutender Maskentempel
der Maya.*

Die ›Tochterstadt‹ von Uxmal wird das rund 20 km entfernt gelegene Kabah auch genannt. Tatsächlich waren beide Orte durch eine Dammstraße – die noch heute begehbar ist – miteinander verbunden. Das Ende dieser Straße markiert der sog. Triumphbogen, der vermutlich das Eingangstor zur Kultstätte bildete. Zu besichtigen sind eine Ostgruppe sowie die nahe der Straße gelegene West- und Zentralgruppe. Zur Ostgruppe gehört das eindrucksvollste Bauwerk von Kabah: der **Codz-Poop**, eine rechteckige Palastanlage von 45 m Länge, auch Templo de las Máscaras (Tempel der Masken) genannt. Seine gesamte, 6 m hohe Fassade ist bedeckt mit Masken des Regengottes Chac mit seiner Rüsselnase – 250 an der Zahl. Da jede der Masken aus 30 Einzelsteinen gebildet ist, mussten die frühen Baumeister 7500 genauestens bearbeite te Steine aufeinandersetzen. Im Codz-Poop vereinen sich Elemente des Puuc- und des Chenes-Stils. Beim Chenes-Stil ist die gesamte Fassade mit steinernen Or- namenten dekoriert, vorwiegend mit stark stilisierten Chac-Masken. Eine große Maske bildete häufig den Eingang. Bei der Fassade von Codz-Poop kommt zu dieser typischen Dekoration ein schmückendes Gesimsband aus geometrischen Figuren hinzu.

51 Labná

Die Mayastätte ist berühmt für ihren einzigartigen Gewölbebogen.

Bei Labná handelt es sich um eine der kleineren archäologischen Anlagen (330 x 250 m), eine während der Spätklassik angelegte Mayastadt. Vom Eingang aus gelangt man nach wenigen Hundert Metern zu einer als **Palacio** bezeichneten Baugruppe. Der untere Teil der Fassade lässt eine reliefartige Dekoration erkennen, ähnlich dem Geflecht einer Matte, Symbol für den Beginn des Maya-Sonnenjahres. Im oberen Teil sind Chac-Masken zu erkennen.

Vom Palast führt eine *Sacbé*, eine heilige Straße, zur Pirámide El Mirador (mit gut erhaltenem Dachaufbau) und zu **El Arco**, dem Torbogen: Das spätklassische

Tief in den Wäldern gelegen, doch schon seit 400 v.Chr. besiedelt: Edzná

Bauwerk gilt als schönstes Tor des gesamten Mayagebietes. Vermutlich diente es als zeremonielle Verbindung zweier Höfe. Es zeigt das für die Maya typische Kraggewölbe (von 3 m Tiefe und 4 m Spannweite), gebildet aus seinerzeit ockerfarbenen Steinquadern. Da die Maya den Gewölbebogen bautechnisch nicht beherrschten, ließen sie sich die Konstruktion des *falschen Gewölbes* einfallen: Die Bausteine von zwei gegenüberliegenden Mauern wurden jeweils verkragt (schräg überstehend) aufeinander geschichtet, bis schließlich ein einziger Stein in der Mitte das Gewölbe halten konnte. Auf diese Weise ließen sich jedoch nur kleinere Räume mit einem Gewölbedach versehen. Der Torbogen ist flankiert von zwei kammerähnlichen Räumen, die von der Westseite her zu betreten sind. Ornamentale mosaikartige Friese zieren den Bereich oberhalb der Eingänge. Hochreliefs symbolisieren zwei Hütten mit steil aufragenden Dächern, Darstellung einer traditionellen Mayahütte aus Bambus und mit Strohdach. Die Ostseite zeigt ein mäanderartiges Motiv und eingebundene Baluster.

Ausflüge

Nahe bei Labná liegen die beiden Mayastätten **Xlapak** und **Sayil**. In Xlapak, dem weniger bekannten der beiden Orte, wurde bisher nur ein kleiner Palast im Puuc-Stil freigelegt. Sayil dagegen war

einst eine bedeutende Mayastadt mit einem großen Königspalast. Er ist 85 m lang und besitzt drei Stockwerke. Auch heute noch faszinieren seine prächtigen ornamentalen Dekorationen.

52 Campeche und Edzná

Die Stadt der Bastionen an der Westküste der Karibikhalbinsel und ein kleines Mayazentrum.

Die am Golf von Mexiko gelegene Hauptstadt des gleichnamigen Bundesstaates war zu Zeiten der Spanier vollständig von einer Festungsmauer umgeben. Wiederholte Piratenangriffe auf den einstigen Ausfuhrhafen hatten den Bau von mächtigen Bastionen notwendig gemacht. Heute gliedern sie das 1540 gegründete Campeche (250 000 Einw.) in einen modernen und einen kolonialen Teil. Die Bastionen, die **Baluartes**, bilden die wichtigsten Sehenswürdigkeiten der Stadt; sie sind restauriert und beherbergen Kunsthandwerksläden sowie Museen.

Ein Spaziergang in der kolonialen Altstadt, die von der Avenida Circuito Baluartes umgeben wird, beginnt am besten an der **Plaza Central**. An der Nordostseite erhebt sich die **Catedral La Concepción**, die nach 300-jähriger Bauzeit im 19. Jh. fertiggestellt wurde. Nordwestlich des Platzes (zum Meer hin) beherbergt die *Baluarte de la Soledad* das **Museo de Arqueología Maya** (Calle 8 zwischen den Calles 55 und 57, Mo 8–14, Di–So 8–20 Uhr) mit einigen Maya-Stelen aus Edzná. Folgt man der Calle 8 weiter nach Süden, erreicht man das Stadttor Puerta del Mar und die *Baluarte de San Carlos*, ebenfalls hervorragend restauriert. Die Festung verfügt über ein paar historische Kanonen. Sie beherbergt heute das **Museo de la Ciudad** (Calle 8/Calle 63, Circuito Baluartes, tgl. 9–20 Uhr), das sich der Stadtgeschichte widmet. Besonders eindrucksvoll sind die Dokumentation aus der Zeit der Piraterie und die Schwarzweiß-Fotografien von Campeche vom Beginn des 20. Jh. Vom Museum führt die Ringstraße südlich zur *Baluarte de San Juan* und zur *Baluarte de Santa Rosa*.

Auf einem Hügel 4 km südwestlich vom Zentrum thront die **Fuerte de San Miguel**, in der Campeches **Museo de Cultura Maya** (Avenida Escénica, Di–So 8–20 Uhr) untergebracht ist. Die Beschriftung ist spanisch, doch die schönen Fundstücke von der gesamten Halbinsel sprechen für sich. Auffallend ist, dass viele der Figuren schielen – damals ein Schönheitsideal der Mayas.

60 km südöstlich von Campeche liegt **Edzná** (›Haus der Masken‹; tgl. 8–17 Uhr), ein ehem. Zeremonialzentrum der Maya. An der Ostseite der Gran Plaza erhebt sich die *Große Akropolis*, ein Komplex aus mehreren durch Treppen verbundenen Plattformen, Höfen und Gebäuden. Er wird überragt von dem *Templo de los Cinco Pisos*, dem Tempel der fünf Stockwerke. Das 30 m hohe Bauwerk enthält auf den einzelnen (vier) Etagen Räume, die man in Pyramiden normalerweise nicht findet. Im obersten Stockwerk steht der Tempel mit einem teilweise erhaltenen, 5 m hohen Dachkamm, ehemals stuckdekoriert und mit Masken besetzt. Nicht minder eindrucksvoll ist der die Südseite der Plaza abschließende *Templo del Sur*.

ℹ️ Praktische Hinweise

Information

Secretaria de Turismo, Avenida Ruiz Cortines/Plaza Moch-Couoh, Campeche, Tel. (01) 981/811 92 29, Fax (01) 981/816 67 67, www.campeche.travel

Hotel

América Centro, Calle 10 Nr. 252, Campeche, Tel. (01) 981/816 45 88, Fax (01) 981/811 05 56, www.hotelamerica campeche.com. Modernisiertes Haus im Kolonialstil in zentraler Lage.

53 Izamal

Auf dem Weg von Mérida nach Chichén Itzá liegt ein sehenswertes koloniales Städtchen.

Izamal liegt 70 km östlich von Mérida und 15 km nördlich der MEX 180. ›Gelbe Stadt‹ wird die Ortschaft genannt, denn fast alle Bauwerke sind in einem sonnigen Gelbton gestrichen. Mit dem Baumaterial der von ihnen zerstörten Mayatempel hatten die Spanier 1553 die Konstruktion einer gewaltigen Atriumanlage begonnen, acht Jahre später waren die festungsartige **Franziskanerkirche** und das **Kloster San Antonio de Padua** fertiggestellt. Im über 8000 m² großen, von Arkaden gesäumten Innenhof wird an einigen Abenden die audiovisuelle Show *La Luz de los Mayas* (Das Licht der Mayas; Di, Do, Sa 20.30 Uhr) gezeigt, in der die kulturellen Leistungen der Maya und ihre Lebensweise illustriert werden.

Traditionelles Fortbewegungsmittel sind in Izamal Pferdekutschen (*Victorias*). Zahlreiche Einspänner warten vor dem Kloster auf Passagiere. Für wenige Pesos fährt man zur gewaltigen **Pyramide des Sonnengottes Kinich-Kakmó**, einer der größten Mexikos und einer von einst zwölf Mayapyramiden des Ortes, von deren Spitze man einen herrlichen Blick über Kloster und Stadt genießt.

Das sonnengelbe Izamal war einst Wallfahrtszentrum für den Sonnengott der Maya

54 Chichén Itzá

Von der Unesco zum Weltkulturerbe ernannt: Maya-toltekische Kunst in Vollendung.

Etwa auf halbem Weg zwischen Mérida und Cancún liegt Chichén Itzá (tgl. 8–18 Uhr). Die hervorragend erhaltene Stätte, in der sich gleich zwei präkolumbische Kulturen entfalteten, gehört zu den Höhepunkten jeder Mexikoreise. In Chichén Itzá findet der Besucher eine Symbiose von Maya- und Toltekenkunst.

Geschichte Zwei Blütezeiten erlebte Chichén Itzá: In der klassischen Periode, zwischen 550 und 900 n.Chr., siedelten aus dem Hochland von Guatemala eingewanderte **Maya** in Chichén Itzá. Die Stätte wuchs zum geistigen und wirtschaftlichen Zentrum des Maya-Tief-

landes. Die Reste dieser Siedlungsphase, *Chichén Itzá Viejo* genannt, befinden sich im Süden des Ausgrabungsgeländes. Mindestens 25 km² groß war das Reich, das die Puuc-Städte unterwarf. Die zweite Phase der Besiedlung kündigte sich um das Jahr 1000 an. Etwa zu diesem Zeitpunkt wanderten aus dem zentralmexikanischen Hochland **Tolteken** ein. Ihr Oberhaupt wurde von den Maya als **Kukulcán**, Gefiederte Schlange, bezeichnet. Die Neusiedler übernahmen die Stätte und nannten sie Chichén Itzá (Brunnen der Itzá), heute *Chichén Itzá Nuevo*. 1546 erreichten die Spanier das zu diesem Zeitpunkt bereits verlassene Chichén Itzá.

Besichtigung 30 m hoch ist die aus dem 10.–11. Jh. stammende **Pirámide de Kukulcán [1]**, auch *El Castillo* genannt, vermutlich das meistfotografierte Bauwerk des präkolumbischen Mexiko. Sym-

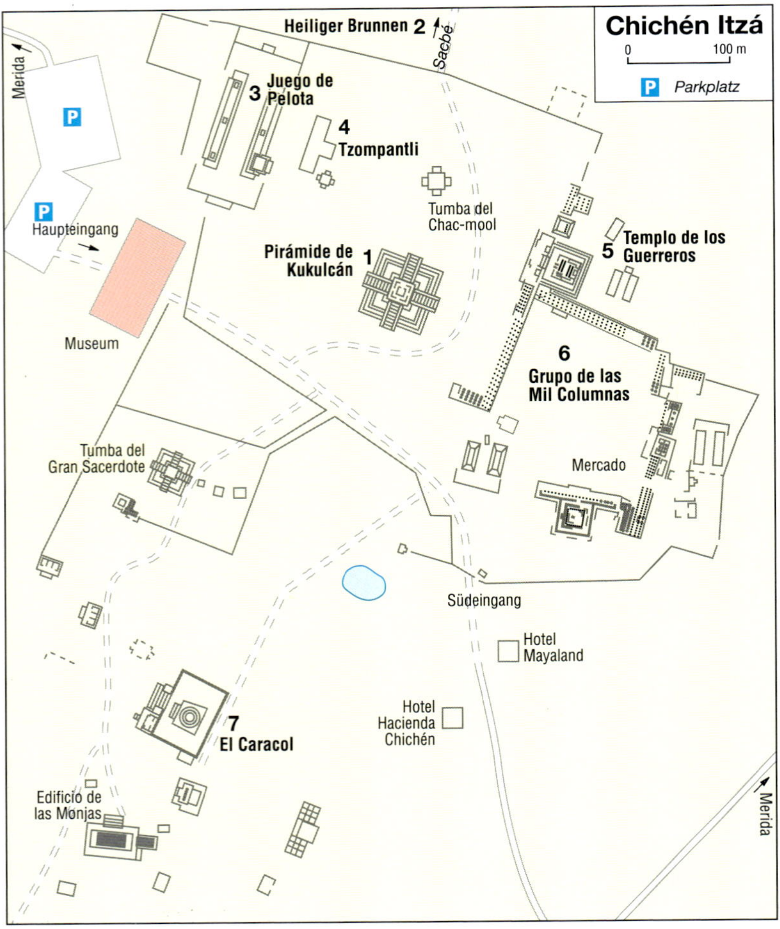

Chichén Itzá
0   100 m
P *Parkplatz*

Heiliger Brunnen **2**
3 Juego de Pelota
4 Tzompantli
Tumba del Chac-mool
Haupteingang
Pirámide de Kukulcán **1**
5 Templo de los Guerreros
Museum
6 Grupo de las Mil Columnas
Tumba del Gran Sacerdote
Mercado
Südeingang
Hotel Mayaland
7 El Caracol
Hotel Hacienda Chichén
Edificio de las Monjas
Merida

Unzählige mächtige Säulen trugen in Chichén Itzá das Dach einer riesigen Halle

bolträchtig ist die Architektur der Pyramide: Die neun zum Tempel hinaufführenden Plattformen verkörpern die neun Unterwelten der Maya. 91 Stufen führen auf jeder der vier Seiten hinauf – zusammen mit dem Tempel auf der obersten Plattform ergibt sich daraus die Zahl 365, die Anzahl der Tage eines Sonnenjahres. Beachtenswert sind die am Fußende der Nordtreppe angebrachten Schlangenköpfe: die Gefiederte Schlange – *Kukulcán*. Zweimal im Jahr, jeweils zur Tagundnachtgleiche (um den 21. März und 23. September) offenbart sich ein mysteriöses Schauspiel: Die an diesen Tagen von 12 bis 17 Uhr herrschenden Licht- und Schattenzonen erwecken die Schlange zum Leben. Beim Betrachter entsteht der Eindruck, als ob sich ein riesiges Reptil vom Tempel die Treppe hinunterwinden würde.

Im *Inneren* dieser Pyramide entdeckte man eine weitere, überlagerte Pyramide. Den Tempel dieses 17 m hohen Heiligtums erreicht man vom Fuße der Nordtreppe aus. Ein enger Gang führt hinauf zur Geheimkammer, die Archäologen so vorfanden, wie die Priester sie vor 1000 Jahren verlassen hatten. Ein großer **Chac Mool**, eine Steinskulptur, die die Opfergaben trug, bewacht die Cella. Die für die toltekische Kultur so bedeutsame Skulptur zeigt einen auf dem Rücken liegenden Mann in Lebensgröße. Sein Oberkörper ist halb aufgerichtet und auf die Ell-

bogen gestützt, die Knie sind angezogen, der Kopf ist nach rechts gewandt. 1875 entdeckte ein amerikanischer Archäologe diesen Skulpturentypus und gab ihm – aus unbekannte Gründen – den Namen Chac Mool, roter Jaguar. Die toltekischen Chac Mool-Figuren bewachen zumeist Tempeleingänge. Ihre in den Bauch eingelassenen schalenartigen Vertiefungen dienten vermutlich der Aufnahme von Opfergaben.

Für die Archäologen nicht weniger interessant als Chac Mool war der im hinteren Raum wartende Jaguar in roter Farbe: ein steinerner Thron, wie er auch in Mayastätten zu finden ist. Er demonstriert die enge Verbindung der Tolteken- mit der Mayakunst. In die Figur eingelassene 73 Jadestückchen stellen die Flecken im Fell des Tieres dar.

Von der Pyramide des Kukulcán führt eine ehemals gepflasterte Straße, von den Maya *Sacbé* genannt, zum 300 m entfernten **Heiligen Brunnen** [2], Namensgeber der Stätte von Chichén Itzá (Brunnen der Itzá). Bei diesem kreisrunden Opferbrunnen handelt es sich um eine Doline im Kalkstein, hervorgerufen durch den Einsturz der oberen dünnen Kalksteindecke, eine für die Yucatán-Halbinsel typische Erscheinung. In Chichén Itzá gibt es zwei dieser **Cenotes**. Während einer die Wasserversorgung gewährleistete, besaß dieser religiös-kultische

Das rituelle Ballspiel

Ballspielplätze findet man in den meisten archäologischen Stätten, sie sind Bestandteil fast aller präkolumbischen Kulturen. Die Plätze haben unterschiedliche Formen (Rechteck, ein T, doppeltes T) und Größen; der Platz von Chichén Itzá ist mit 91 ×36 m der größte bisher bekannte. Bei den Maya sind die Wände des Platzes schräg, bei den Azteken senkrecht. Seit der Zeit der Tolteken wurden an den Oberkanten der beiden Längswände steinerne **Ringe** angebracht. Der Platz mit seinen Mauern, Wänden, umstehenden Gebäuden und Ringen ist teilweise aufwendig verziert, oft finden sich **Flachreliefs** mit der Darstellung kultischer Handlungen.

Über das Spiel (aztektisch: Tlachtli) weiß man nicht viel. Vermutlich gab es zwei Mannschaften mit je drei bis sieben Spielern, die einen großen **Kautschukball** in der Luft halten sollten. Er symbolisierte eventuell die Sonne und durfte daher den Boden nicht berühren. Die Spieler mussten den Ball mit dem Körper, den Oberschenkeln und Oberarmen antreiben,

durch entsprechende Kleidung wurden sie geschützt. Waren Ringe am Spielfeld vorhanden, musste der Ball möglicherweise hindurchgetrieben werden.

Am Ende des Spiels kam es vermutlich zu **Opferhandlungen**, denn die Reliefs zeigen oft Messer, abgeschnittene Köpfe und Blut. Wer geopfert wurde, ob Sieger oder Verlierer, ist nicht bekannt.

Bedeutung. Nach Überlieferungen brachten sowohl die Maya als auch die Tolteken hier in Trockenzeiten Menschenopfer dar, um die verloren geglaubte Gunst des Regengottes wiederzugewinnen. Die Wissenschaftler wollten es genau erforschen: In bald hundert Tauchgängen brachten sie Ziergegenstände aus Jade und Edelsteinen sowie Tonfiguren und Knochen aus dem Brunnen herauf. Viele Skelettreste stammen von Kindern, die man vermutlich einst dem Regengott opferte.

Nordwestlich des Castillo passiert man den **Juego de Pelota** [3], eine beeindruckende Anlage: Mit einer Seitenlänge von 91 m und einer Breite von 36 m ist dies der größte aller bisher entdeckten Ballspielplätze. In seinem Zentrum sind in über 7 m Höhe jeweils auf das Spielfeld ragende steinerne Ringe angebracht. Durch diese mussten die gegnerischen Mannschaften wahrscheinlich den Ball stoßen. Fresken, die an den Wänden unterhalb der steinernen Ringe angebracht sind, dokumentieren ein dramatisches Zeremoniell: Einer der mit Federbusch geschmückten Spieler, vermutlich der Anführer einer Mannschaft, hält in seiner rechten Hand ein Messer, in der anderen Hand den Kopf eines Spielers. Blut – in Form von sieben Schlangen – strömt aus

Chac Mool, der berühmteste ›Mann‹ von Chichén Itzá, ja eigentlich ganz Mexikos

dem Hals des Enthaupteten. Mayaforscher vermuten, dass die Schädel der geopferten Spieler ebenso wie die der Feinde anschließend am **Tzompantli** [4] (auf Náhuatl: ›Mauer der Totenköpfe‹), einer T-förmigen Plattform östlich des Ballspielplatzes, zur Schau gestellt wurden.

Templo de los Guerreros [5] (Tempel der Krieger) wird eine etwa 40 m breite und 12 m hohe Pyramide genannt. Das auf der oberen Plattform befindliche Heiligtum zeigt die Reliefs toltekischer Krieger. Sie tragen Wurfspieße und verwehren symbolisch jedem Unbefugten den Eintritt. Bei den Restaurierungsarbeiten wurde ein weiterer, überbauter Tempel entdeckt, vermutlich vom Beginn der toltekischen Epoche. Reich geschmückt wurden auch die Wände dieses **Templo Chac Mool**, zu betreten durch einen neu geschaffenen Eingang. Die bei ihrer Entdeckung noch perfekt erhaltenen Fresken an den Wänden oberhalb der umlaufenden Sitzbank lösten sich nahezu auf, als Luft an sie drang.

An den Tempel schließt sich die **Grupo de las Mil Columnas** [6] (Gruppe der Tausend Säulen) an: gemauerte Säulen, die einst die Dachkonstruktion einer gewaltigen Halle trugen. Die in gleichmäßigen Reihen aufgestellten mächtigen Pfeiler erinnern manchen Betrachter an ein Heer von Soldaten. Der Eindruck wird ver-stärkt durch die an den Pfeilern angebrachten *Flachreliefs*: toltekische Krieger, geschmückt mit Quetzal-Federn und Nasenpflock. Durch die ›Erfindung‹ der Säulen war es den Maya möglich, auch große, weite Räume zu überdachen.

Mayakunst war drastisch – Relief am Tzompantli von Chichén Itzá

Aus der nachklassischen Periode stammt **El Caracol** [**7**], der einzige *Rundbau* der Maya im Gebiet des nördlichen Yucatán. Seiner innen liegenden Wendeltreppen wegen nannten ihn die Spanier Caracol, Schnecke. Vermutlich diente das Gebäude astronomischen Berechnungen. Kleine Öffnungen weisen in alle Himmelsrichtungen. Es wird angenommen, dass die indianischen Gelehrten von hier einst die Gestirne beobachteten.

i Praktische Hinweise

Hotels

*****Mayaland**, Carretera 180 Mérida – Cancún km 120, Chichén Itzá, Tel. (01) 985/851 01 27, Fax (01) 985/851 01 29, www.mayaland.com. Hotel am Hintereingang der archäologischen Stätte mit Blick auf einige Ruinen. Empfehlenswert sind die Bungalows am Pool im Park.

*****Dolores Alba**, Carretera Mérida – Cancún km 122, Chichén Itzá, Tel. (01) 999/928 56 50, www.doloresalba.com. Geschmackvolles Gästehaus, 2 km vor der archäologischen Stätte.

Für den, der's feinsandig und trubelig mag, ist Cancún die richtige Adresse

Quetzalcóatl und Kukulcán – die Gefiederte Schlange

Quetzalcóatl war für die präkolumbischen Völker das Symbol der Fruchtbarkeit und des Wassers. Die aus dem Náhuatl stammende Bezeichnung setzt sich zusammen aus Quetzal, was kostbare Federn bedeutet, und Cóatl, nämlich Schlange. Für die Bewohner von Teotihuacán war Quetzalcóatl die **höchste Gottheit**. Und schlielich übernahmen sie die ›Gefiederte Schlange‹ auch als höchsten Titel ihrer **Herrscher**. Quetzalcóatl, der Kult der Gefiederten Schlange, verbreitete sich bald im gesamten präkolumbischen Mexiko. Quetzalcóatl hieß dann auch der Windgott der **Azteken**, die im 13. Jh. ins Hochland eingefallen waren und kulturelle Traditionen der Tolteken assimilierten.

Nach den Überlieferungen war es der fünfte **Toltekenfürst** Ce-Acatl (947–999), Herrscher über Tula, der sich Quetzalcóatl nennen ließ und der sein Volk ins Goldene Zeitalter führen wollte. In den Chroniken wird er als hellhäutig und bärtig beschrieben. Als er von seinen Untertanen gestürzt wurde, weil

er beschlossen hatte, den Menschenopfern zu entsagen, floh er mit einigen Gefolgsleuten gen Osten. In den Überlieferungen heißt es, er werde eines Tages vom Meer zurückkehren, um erneut zu herrschen. Diese Prophezeiung war es, die **Hernán Cortés** seinen Eroberungsfeldzug erleichterte: Cortés war hellhäutig und bärtig, er kam über das Meer. Bei seiner ersten Begegnung mit dem Spanier mag der Aztekenkaiser Moctezuma II. noch geglaubt haben, dass tatsächlich Quetzalcóatl da über das Wasser zu ihnen gekommen war. Zudem stimmte auch der Zeitpunkt seines Eintreffens: Es war das Jahr Eins-Rohr (1519), nach dem präkolumbischen Kalenderzyklus das gleiche Jahr, in dem Quetzalcóatl sein Volk verlassen hatte. Doch die Realität war eine andere.

Kukulcán wiederum ist die Maya-Übersetzung von Quetzalcóatl. Auch bei den Maya wurde Kukulcán zum Symbol des Königtums. Und so begegnet der Besucher in der Kunst Chichén Itzás überall der Federschlange.

55 Cancún

*Beliebtestes Reiseziel der
Mexiko-Urlauber.*

Cancún (900 000 Einw.) ist eine Retorten-
stadt, 1970 auf einer lang gezogenen,
schmalen Halbinsel allein für den Tourismus gegründet. Unübertroffen sind die
langen feinsandigen **Strände** Cancúns.
Und: Nirgendwo sonst in Mexiko leuchtet
das Wasser in hellerem Türkis. Makellos
sauber sind die Strände, die nachts per
Traktor durchsiebt werden, ebenso wie
die Straßen, an deren Rändern Palmen
wachsen. Und auch das Wetter ist fantas-
tisch. Das Motto lautet: Sonne, Sand und
Luxus – Mexikos bekanntester Badeort
bietet ideale Zutaten für erholsamen
Strandurlaub. Dabei hat man die Wahl
zwischen der Karibik- und der Lagunen-
seite. Die Entscheidung fällt leicht: Die
Karibikseite hat das schönere Wasser.

Der **Boulevard Kukulcan** verläuft entlang der gesamten Halbinsel, Adressen
werden in Kilometern ab seinem Beginn
in Downtown Cancun angegeben. Hier
reiht sich ein Hotel an das andere, vieles
ist auf US-Amerikaner abgestellt: Von der
Animation am Pool über die Art der Kin-
derbetreuung bis zu den Gerichten der
Restaurants erinnert vieles an Florida.
Bestellt wird in Englisch, bezahlt oft mit
Dollars.

Sogar etwas Kultur hat Cancún zu bieten. Die **Casa del Arte Mexicano** (Blvd.
Kukulcán km 4, tgl. 9–21 Uhr) im Embarca-
dero Complex zeigt eine Kunsthand-
werksausstellung mit Instrumenten und
farbenfrohen traditionellen Kostümen.

Vergnügungskomplexe mit einem
breiten Angebot an Geschäften, Restaurants und Nightclubs wie das **Plaza Forum by the Sea** (Blvd. Kukulcan km 9)
sorgen für Abwechslung, wenn man sein
Hotel doch einmal verlassen will. Dort
befindet sich auch das Kongressgebäude
Cancún Center (www.cancuncenter.com),
in dessen Erdgeschoss Wechselausstellungen stattfinden.

Sehenswert ist auch die archäologische Stätte **El Rey** (Paseo Kukulcán km 17,
Di–So 8–17 Uhr) am Ende der Halbinsel.
Die Ausgrabung befand sich früher am
sumpfigen Rand der Lagune, heute ist sie
trockengelegt und teilweise restauriert.
Hunderte von *Leguanen* bevölkern die
Ruinen. Die Grabstätte für den lokalen
Adel wurde in den Jahren 1200 bis 1500
errichtet; diverse Plattformen tragen Reste der Grundmauern von Tempeln.

ℹ **Praktische Hinweise**

Information

Oficina de Turismo, Avenida Tulum 22,
Cancún, Tel. (01) 998/887 43 29,
www.cancun.travel

Fröhliche Lebensart auf der Isla Mujeres

Flughafen

Cancún Airport, Carretera Cancun-Chetumal km 22, www.cancun-airport.com. Shuttles zum Hotel können über die Website gebucht werden.

Ausflüge

Kolumbus Tours, Punta Conoco 36, S.M. 24, Cancún, Tel. (01) 998/884 53 33, www.kolumbustours.com. Bietet Ausflüge und Schiffstouren z. B. zur Isla Mujeres.

Nachtleben

In der Hotelzone von Calcún kann man sich 24 Stunden am Tag vergnügen. Zu den angesagten Clubs zählen das **Bling** (Blvd. Kukulcán km 13,5, www.blingcancun.com) und das **Coco Bongo** (im Plaza Forum by the Sea, Blvd. Kukulcán km 9, www.cocobongo.com)

Hotels

*******CasaMagna Marriott**, Blvd. Kukulkán, Retorno L-41, Cancún, Tel. (01) 998/881 20 00, www.marriott.com. Die im mediterranen Palaststil erbauten 96 Zimmer und 38 Suiten liegen zwischen Karibikstrand und Lagune.

*******Fiesta Americana Coral Beach**, Blvd. Kukulkán, km 9,5, Tel. (01) 998/881 32 00, www.fiestamericana.com. Ausgedehnter Hotelkomplex im Zentrum der Hotelzone von Calcún, von hier ist es nicht weit zu Diskotheken und Restaurants.

****Imperial Las Perlas**, Blvd. Kukulkán km 2,5, Cancún, Tel. (01) 998/883 34 48, www.hotelimperialcancun.com. Strandhotel, Zimmer mit Küchenzeile und Kühlschrank.

***Soberanis**, Avenida Cobá 5–7, Cancún, Tel. (01) 998/884 45 64, www.soberanis.com.mx. Hotel im Zentrum mit 78 Zimmern und Restaurant.

Restaurants

La Dolce Vita, Paseo Kukulcán km 14,6 (gegenüber vom Marriott Hotel), Cancún, Tel. (01) 998/885 01 50, www.cancunitalianrestaurant.com. Italienische Küche mit einer großen Auswahl an Fisch und Schalentieren in elegantem Ambiente.

La Habichuela, Margaritas 25, in der Nähe des Parque de las Palapas, Cancún, Tel. (01) 998/884 31 58, www.lahabichuela.com. Das ausgezeichnete Restaurant mit seinem romantischen Garten bietet internationale Küche. Beliebt ist die Cocobichuela, eine mit Hummer und Krabben gefüllte halbe Kokosnuss.

56 Isla Mujeres

Zwar kein Geheimtipp mehr, aber immer noch primär von Individualreisenden besucht.

Gleich an mehreren Stellen in Cancún bieten diverse Fährgesellschaften eine Tour auf die kleine, 10 km vor Cancún liegende ›Insel der Frauen‹ an. Die Überfahrt dauert eine halbe Stunde, per ›Express‹, nämlich mit dem Luftkissenboot, geht es noch schneller. **Ciudad de Isla Mujeres** heißt die einzige Siedlung und Inselhauptstadt im äußersten Norden. Auf den wenigen geteerten Straßen flanieren die zahlreichen Tagesbesucher vom Festland. Geschäfte bieten Kunsthandwerk und Muscheln. Wer mag, mietet sich einen weißen Golfwagen: ein offenes, elektrisch betriebenes Fahrzeug, mit dem sich die Insel gemächlich erkunden lässt. Die Entfernungen sind gering: Von Nord nach Süd sind es 8 km, die maximale Ost-West-Distanz beträgt 1 km.

Die schönsten **Strände** liegen an der Nordküste. Hunderte von Metern kann man hier, an der **Playa Norte**, durch das kniehohe Meer waten und durch das kristallklare, türkis schimmernde Wasser leuchtet der weiße Sand

– der perfekte Ort für Familien mit kleinen Kindern. An der Südwestküste liegt der **Parque Nacional El Garrafón** (www.garrafon.com, tgl. 10–17 Uhr), ein Korallenriff, an dem sich herrlich schnorcheln lässt – wenngleich nur gegen ein stattliches Eintrittsgeld von ca. 45 $.

ℹ️ Praktische Hinweise

Information
Oficina de Turismo, Avenida Rueda Medina 130, Isla Mujeres, Tel. (01) 998/877 03 07, www.isla-mujeres.com

Hotels
**Na-Balám, Calle Zazil Há 118, Playa Norte, Isla Mujeres, Tel. (01) 998/877 02 79, www.nabalam.com. Zweistöckige Villen mit großen Zimmern an der ruhigen und flachen Playa Norte. Schönes Strandrestaurant.

**Posada del Mar, Avenida Rueda Medina 15 a, Isla Mujeres, Tel. (01) 998/877 00 44, www.posadadelmar.com. An der Uferstraße der Ortschaft, Zimmer mit Meerblick, großer Garten.

Restaurant
Bucaneros, Avenida Hidalgo 11, Isla Mujeres, Tel. (01) 998/877 12 22, www.bucaneros.com. Das Hotelrestaurant serviert mexikanisch-karibische Küche, man sitzt im Patio oder an der Straße.

57 Playa del Carmen

Kilometerlange, blendend weiße Strände.

Auf halbem Weg zur Tempelstätte Tulum, etwa 60 km südlich von Cancún, liegt Playa del Carmen (200 000 Einw.). Hier arrangieren sich Tourismus und mexikanischer Alltag gut miteinander. Das öffentliche Leben des inzwischen recht weitläufigen Ortes spielt sich auf der 5 Avenida, der ›Fifth Avenue‹ ab, die parallel zum Strand verläuft. Hier findet man Restaurants, Cafés, Souvenirläden und Bars, von morgens bis abends ist Betrieb und nach Sonnenuntergang wird es erst richtig voll.

Die vorgelagerten **Korallenriffe** laden zum Schnorcheln und Tauchen ein. Das Tauchcenter **Tank-Ha** (Avenida 5 zwischen den Calles 8 und 10, www.tankha.com) bietet Kurse und veranstaltet Fahrten zu den schönsten Tauchrevieren.

ℹ️ Praktische Hinweise

Information
Oficina de Turismo, Avenida Juárez Calle 15, Playa del Carmen, Tel. (01) 984/873 02 90, www.mayanriviera.com

Fähre
Stündliche Abfahrt nach **Cozumel** [s. Nr. 58] vom Pier am Ende der Calle 1 (Fahrtzeit 40 Minuten).

Hotel
**Jungla Caribe, 5 Avenida/8 Calle, Playa del Carmen, Tel. (01) 984/873 06 50, www.jungla-caribe.com. Beste Adresse für Individualreisende; eine geschmackvolle Anlage mit romantischem Innenhof, unweit des Strandes.

Restaurants
La Casa del Agua, 5 Avenida/Calle 2, Playa del Carmen, Tel. (01) 984/803 02 32, www.lacasadelagua.com. Restaurant mit schönem Ausblick vom 1. Stock. Internationale Küche, große Weinauswahl.

Media Luna, 5 Avenida zwischen den Calles 12 und 14, Playa del Carmen, Tel. (01) 984/873 05 26. Umfangreiche Speisekarte mit vielen vegetarischen Gerichten, Blick auf den Strand.

Bei der Hitze auf Cozumel erfrischt ein Drink bei einem fliegenden Händler

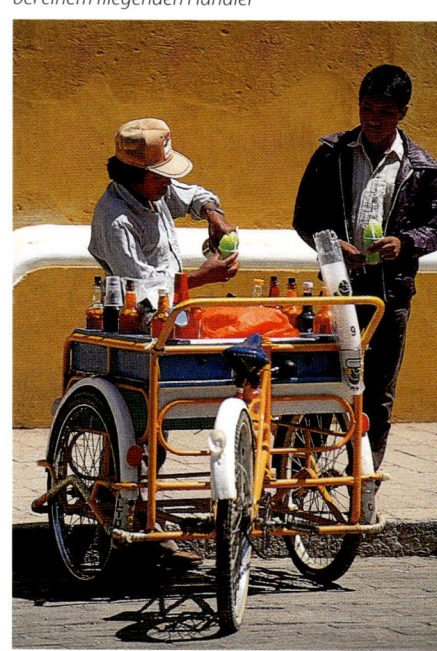

Isla Cozumel

Taucherparadies, von Jacques Cousteau für den Tourismus entdeckt.

Mexikos größte Insel hat sich längst zu einem beliebten Ferienziel entwickelt, besitzt es doch das, was man von Mexiko erwartet: idyllische Strände, ein großes Angebot an Wassersport, herausragende Korallenriffe zum Tauchen und Schnorcheln, sogar einige Mayaruinen und ein großes Angebot an Komforthotels und Restaurants.

Man trifft mit der Fähre in **San Miguel de Cozumel** ein, der einzigen Stadt der Insel. Am Ufer entlang verläuft die Avenida Rafael Melgar und gleich dahinter liegt schon die *Plaza Central* des Städtchens. Auch hier, weitab von jeder Politik, gedenkt man mit mehreren Standbildern des großen Reformers Benito Juárez. Zwei Blocks nördlich der Plaza gelangt man an der Uferstraße zu einem prächtigen Haus aus rosa Sandstein, dem **Museo de la Isla de Cozumel** (tgl. 9–17 Uhr). Ausgestellt sind Fundstücke zur Naturgeschichte der Insel, besonders zu ihren Korallenriffen. Keramiken und Skulpturen von den Ausgrabungsstätten Cozumels vergegenwärtigen das hohe künstlerische Niveau der Mayahandwerker. Im 1. Stock liegt auf einer dem Meer zugewandten Terrasse ein Café-Restaurant, das zum Frühstück mit Meerblick einlädt.

Für den Besuch der übrigen Sehenswürdigkeiten werden Fahrräder, Mopeds, Motorroller, elektrische Golfwagen und Mietwagen angeboten. Im nördlichen Teil Cozumels locken mehrere Ruinen der Maya. Von der *Carretera Transversal* führt ein kurzer Schotterweg (ausgeschildert) nördlich nach **San Gervasio**. Die vier Gebäudegruppen des Zeremonialzentrums stammen teilweise aus der frühen klassischen Epoche (300–600), die letzte Bauphase wird auf das 15. Jh. datiert. Unter den Bauwerken überwiegen Plattformen und Aufbauten, die wohl Altäre für zeremonielle Rituale trugen. Sie sind relativ klein und kaum restauriert. Archäologen vermuten, dass hier – wie auf der Isla Mujeres – im Wesentlichen die *Fruchtbarkeitsgöttin Ix Chel* verehrt wurde.

Die Carretera Transversal endet an der Ostküste an der **Playa Oriente**, von dort führt eine Straße an der Küste entlang nach Süden. Steilküste und Felsbuchten werden abgelöst von einzelnen Sandstränden, die nicht immer zugänglich sind, die See ist rau. Am südlichen Ende der Straße liegt die **Playa El Mirador** mit fantastischem Ausblick auf die Küsten und die karibische See. Ein Spazierweg an der Südostküste führt zur **Tumba de Caracol**, dem Schneckengrab, einer Mayagrabstätte aus der postklassischen Epoche, und weiter zum historischen Leuchtturm Celarain. Die gesamte Südspitze der Insel ist heute ein Naturschutzgebiet und trägt den Namen **Parque Punta Sur** (www.cozumelparks.com).

Von der Playa El Mirador leitet eine Straße in nordwestlicher Richtung zurück nach San Miguel. Der Küste vorgelagert sind **Korallenriffe**, die stellenweise aus dem Meer ragen. Als Erstes trifft man auf die **Playa Palancar**, die mit ihrem vorgelagerten gleichnamigen Korallenriff zum **Nationalpark** erklärt wurde. Hier sieht man schon eine große Zahl an Tauchern. Dann folgt die lange **Playa San Francisco**, von der aus Schnorchler und Taucher das gegenüberliegende Riff erreichen. Von diesem Strand führt ein Schotterweg in östlicher Richtung zur archäologischen Stätte **El Cedral**, einer der vielen kleinen Mayaruinen der Insel. Auf der Hauptstraße nach Norden erreicht man die bekannte **Lagune Chankanaab**, heute ebenfalls ein Nationalpark. Dank des vorgelagerten Korallenriffs gilt sie als *natürliches Aquarium* mit mehr als 50 tropischen Fischarten, dazu zahlreichen Schalentieren, Muscheln und Korallen. Der Bereich um die Lagune wurde als Botanischer Garten gestaltet und zeigt Hunderte Arten tropischer Pflanzen. Der Nationalpark verfügt über eine Tauchstation und mehrere Restaurants. Von Chankanaab sind es noch 10 km zurück nach San Miguel.

Die neueste Attraktion der Insel heißt **Discover México** (Carretera Costera Sur, km 5,5, www.discovermexico.org, Mo–Sa 8–18 Uhr), ein Themenpark, der dazu einlädt, das Land und seine Geschichte anhand von nachgebauten historischen Stätten Mexikos im Miniaturformat zu entdecken. Ein Museum und eine Videoinstallation bieten Hintergrundinformationen.

ℹ️ Praktische Hinweise

Information

Oficina de Turismo, Edificio Plaza del Sol Altos, Plaza Principal, Cozumel, Tel. (01) 987/872 09 72, www.islacozumel.com.mx, www.islacozumel.net

Hotel

**Villas Las Anclas, 5 Avenida 325 (zwischen den Calles 3 und 5), Cozumel, Tel. (01) 987/872 54 76, www.lasanclas.com. Kleines, zentrales Hotel. Ruhige, doppelstöckige Suiten mit Küche. Schöner tropischer Garten.

Restaurants

La Choza, Adolfo Rosado Salas 198/Avenida 10 a, Cozumel, Tel. (01) 987/872 09 58, www.lachozarestaurant.com. Mexikanische Küche in einem kleinen reetgedeckten Haus an der Plaza.

Palmeras, Avenida Rafael Melgar/ Avenida Benito Juárez, Cozumel, Tel. (01) 987/872 05 32. Unterhalb der Plaza am Pier mit Blick auf die Karibik. Mexikanische Gerichte.

59 Xcaret und Xel-Há

Yucatáns bekanntester öko-archäologischer Park und ein Paradies für Schnorchler.

Mit Millionenaufwand wurde auf der einstmals einsamen Ranch von **Xcaret** (www.xcaret.com, tgl. 8.30–22 Uhr) nur 6 km südlich von Playa del Carmen, dem besonders wegen der langen, weißen Sandstränden beliebten Badeort, ein Frei-

Oben: *Freizeitvergnügen total im Park von Xcaret*
Unten: *Schnorcheln in einem teilweise unterirdischen Fluss ist eine der Attraktionen von Xcaret*

zeitpark mit entsprechender touristischer Infrastruktur geschaffen. Wen der recht hohe Eintrittspreis nicht abschreckt, den erwartet ein Tag voller ansprechend gestalteter Aktivitäten und Attraktionen. Zunächst passiert man den modern gestalteten **Museumsbereich**. Man erfährt Wissenswertes über die in Mexiko und im Park heimischen Tiere. Die beliebteste Attraktion ist ein **unterirdischer Fluss**. Kinder wie Erwachsene werden mit Schwimmwesten, Flossen und Taucherbrille ausgestattet und können anschließend durch das glasklare Wasser schnorcheln. Ein Wagen transportiert unterdessen die abgelegte Kleidung zu der Stelle, an der man wieder an Land geht. Für das Schwimmen mit den Delfinen (gegen Zusatzgebühr) schließlich gibt es leider stets mehr Anmeldungen als Kapazitäten. Reitervorführungen, ein ›Exotarium‹ und eine Aufzuchtstation für Meeresschildkröten können ebenfalls besucht werden. Schließlich gehören auch einige kleinere Mayaruinen zum Gelände. Vorführungen bis weit nach Sonnenuntergang ergänzen das Programm. Dazu gehört auch das klassische Ballspiel der Maya (Pelota), unter Fackelschein und in nachempfundener Tracht.

Auf dem Weg von Akumal nach Tulum passiert man auf halber Strecke **Xel-Há** (www.xelha.com.mx, tgl. 8.30–17 Uhr), ein *Naturwasserpark*, der um mehrere Buchten und Lagunen angelegt worden ist. Die Schönheiten der Natur und die ausgezeichnete touristische Infrastruktur ziehen viele Besucher an, die meist in großen Reisebussen kommen. Mehrere kleine glasklare Lagunen und die Buchten locken zu Schnorchelausflügen und einer Fülle weiterer Wasseraktivitäten. Natürlich kann man die bunt schillernde Unterwasserwelt auch einfach von den Wegen und vom Ufer aus betrachten.

60 Tulum

In den Tempeln hoch über der karibischen See huldigten die Maya ihren Göttern.

Eine der am schönsten gelegenen **Tempelstätten** (tgl. 8–17 Uhr) des Landes: Auf einer Kalksteinklippe über der Karibik thront Tulum. Einst nannten die Maya diese Stätte ›Zama‹, ›Morgendämmerung‹. Tatsächlich ist es zu dieser Tageszeit, wenn die ersten Strahlen der Sonne die Gebäude zum Leuchten bringen, am schönsten. Bereits am frühen Vormittag treffen auch die Reisebusse ein, denn Tulum gehört zum Pflichtprogramm jeder Yucatán-Reise.

Die Anlage wurde während der postklassischen Periode errichtet, die meisten Bauwerke stammen aus dem 14. und 15. Jh. »Das große Kairo!« sollen die Männer des Francisco Hernandez de Córdoba ausgerufen haben, als sie an einem Frühlingstag im Jahre 1517 von ihren Schiffen aus die Festung erblickten. Über 6 km dehnte sich das religiöse Zentrum der Maya am Meer aus. Noch heute ist der Zeremonial- und Palastbezirk – das Einzige, was von der weiträumigen Stätte

Die weißen Strände der Karibikküste bei Tulum verheißen ungetrübte Badefreuden

Die einzige Mayastätte in überwältigender Lage direkt am Meer: Tulum

erhalten blieb – von einer ca. 500 m langen Mauer umgeben, durch die man die Stätte von Westen her betritt.

In exponierter Lage direkt über der Steilküste thront der Tempel **El Castillo**, zu dessen drei Eingängen eine breite Treppe hinaufführt. Die Säulen der Eingänge sind in Form von *Schlangen* gestaltet, die das Dach tragen. Die Wandmalereien sind leider beschädigt oder verblasst und nicht mehr zu erkennen.

Nördlich dieses Haupttempels gelangt man zum **Templo del Dios Descendente** (Tempel des Herabstürzenden Gottes), über dessen Türsturz eine mit dem Kopf nach unten gerichtete Figur mit Flügeln und Vogelschwanz zu sehen ist. Diese Stuckdekoration findet sich noch an weiteren Gebäuden Tulums und in Cobá, der herrlich inmitten des tropischen Buschwaldes gelegenen Stätte 45 km nordwestlich von Tulum. Sie wurde von Forschern als Darstellung des Bienengottes interpretiert. (Auf der Yucatán-Halbinsel diente Honig den Maya als wertvoller Süßstoff.) Das Innere des Tempels zieren zwei Bänke, ein Fenster weist zum Meer.

Der **Templo de los Frescos** (Tempel der Fresken) ist unzugänglich. Durch den Eingang und die Fenster erkennt man an den Wänden des Säulenganges grünblaue Wandbilder, die Götter, Schlangen und Bilderzeichen darstellen.

Das 500 km² große Naturschutzgebiet **Sian Ka'an** erstreckt sich südlich von Tulum, die Straße von Tulum nach Felipe Carillo Puerto verläuft am Westrand des Biosphärenreservats, das seit 1987 zum UNESCO-Welterbe zählt. In den Naturpark gelangt man über zwei Pisten: Von Tulum nach Punta Allen und von Felipe nach Vigía Chico. Beide Dörfer sind an der Küste, der Bahía de Ascensión, gelegen. Von dort werden Bootsausflüge durch die subtropischen *Lagunen* angeboten. Dichter Wald und ausgedehnte Feuchtgebiete bieten Schutz für *Raubtiere* (Puma, Jaguar, Ozelot), mehr als 300 *Vogelarten* sowie Schildkröten und Krokodile. Der Küste vorgelagert ist ein *Korallenriff* mit intakter Meeresfauna. Mehr als 20 Mayaruinen ruhen unerforscht im Nationalpark.

ℹ **Praktische Hinweise**

Hotels

***Zamas**, Carretera a Boca Paila km 5, Tulum, Fax (01) 984/877 85 23, www.zamas.com. Komfortable Bungalows im Mayastil am Strand. Gutes Restaurant.

Piedra Escondida, Carretera a Boca Paila km 3,5, Tulum, Tel. (01) 984/130 99 32, www.piedraescondida.com. 12 Zimmer am Strand südlich der archäologischen Stätte.

Mexiko aktuell A bis Z

■ Vor Reiseantritt

ADAC Info-Service:
Tel. 018 05/10 11 12 (0,14 €/Min.)

ADAC im Internet:
www.adac.de
www.adac.de/reisefuehrer

Mexiko im Internet:
www.mexiko-travelnews.de
www.mexonline.com

Staatliches Mexikanisches Fremden-verkehrsbüro, Taunusanlage 21, 60325 Frankfurt/M., Tel. 069/25 35 09, kosten-lose Auskunft: Tel. 008 00/11 11 22 66, www.visitmexico.com, zuständig für Deutschland, Österreich und Schweiz.

Deutschland
Mexikanische Botschaft,
Klingelhöferstraße 3, 10785 Berlin,
Tel. 030/269 32 30, mail@mexale.de

Österreich
Mexikanische Botschaft,
Operngasse 21, 10. Stock, 1040 Wien,
Tel. 01/310 73 83, embamex@
embamex.or.at

Schweiz
Mexikanische Botschaft,
Weltpoststr. 20, 5. Stock, 3015 Bern,
Tel. 031/357 47 47, embamex1@
swissonline.ch

■ Allgemeine Informationen

Reisedokumente

Deutsche, Österreicher und Schweizer benötigen einen **Reisepass,** der bei Ein-reise noch mindestens sechs Monate gültig ist, ein Rückflug- oder weiterfüh-rendes **Ticket** sowie eine **Touristenkarte,** die im Flugzeug oder bei der Grenzkon-trolle ausgehändigt wird. Sie ist 90 Tage gültig und kann um weitere 90 Tage ver-längert werden. Eine Kopie verbleibt im Pass und muss bei der Ausreise abgege-ben werden. Man erhält die Karte auch beim *Instituto Nacional de Migración* (Avenida Ejército Nacional 862, Mexiko-Stadt, Tel. (01) 55/53 87 24 00, www.inami. gob.mx).

Kinder und Jugendliche unter 16 Jahren benötigen einen Reisepass, einen Kin-derreisepass oder werden im Reisepass eines mitreisenden Elternteils eingetra-gen (mit Foto). Der alte Kinderausweis wird nicht mehr akzeptiert.

An der Grenze wird eine geringe Einrei-segebühr erhoben, zahlbar bei mexikani-schen Banken. Die abgestempelte Touris-tenkarte gilt als Zahlungsnachweis.

◁ *Mexikanisches Kaleidoskop:*
Ohren- und Gaumenkitzel **(oben),**
Sport und Entspannung **(Mitte)** *und eine*
Fülle bunter Erinnerungen **(unten)**

Kfz-Papiere

Für Ihr Fahrzeug benötigen Sie den nati-onalen Führerschein und den Fahrzeug-schein. Der *Internationale Führerschein* wird jedoch dringend empfohlen. Auch der Abschluss einer *speziellen Haftpflicht-versicherung* ist unbedingt zu empfehlen (an der Grenze möglich), da Ihre normale Haftpflichtversicherung in Mexiko nicht anerkannt wird.

Krankenversicherung

Der Abschluss einer privaten *Auslandsrei-sekranken- und Rückholversicherung* mit uneingeschränkter Kostenübernahme wird dringend empfohlen.

Impfungen

Für Mexiko sind keine Impfungen vorge-schrieben. Wer Regionen unter 800 m Höhe besucht, sollte aber eine *Malaria-Prophylaxe* vornehmen – nicht erforder-lich auf der Halbinsel Baja California, in den Touristenzentren der Westküste zwi-schen Mazatlán und Huatulco sowie in Cancún/Isla Cozumel. Bei Individualrei-sen mit sehr preiswerten Übernachtun-gen und dem Besuch von *Comedores* oder offenen Essständen sollte eine *He-patitis-* und *Typhus-Vorsorge* erfolgen.

Auskunft erteilt auch das Auswärtige Amt (Tel. 030/50 00 20 00, www.auswaer tiges-amt.de).

Zollbestimmungen

Alle Dinge, die dem persönlichen Gebrauch dienen, können zollfrei eingeführt werden. Beschränkungen: bis zu 3 l alkoholische Getränke, 400 Zigaretten oder 50 Zigarren oder 250 g Tabak, 1 Fotoapparat, 1 Videokamera, 12 Filme bzw. Videokassetten sowie Geschenke bis zum Wert von 300 US-Dollar. Verboten ist die Einfuhr von Lebensmitteln sowie die Ausfuhr von Gold (nicht Goldschmuck), Antiquitäten, archäologischen Fundstücken, Korallen und Kakteen. Nähere Auskünfte unter: www.aduanas.gob.mx

Geld

Landeswährung ist der *Mexikanische Nuevo Peso* (MXN, Mex $), unterteilt in 100 *Centavos*. Es gibt Münzen zu 5, 10, 20 und 50 Cevantos sowie zu 1, 2, 5, 10, 20, 50 und 100 Pesos. Scheine gibt es zu 20, 50, 100, 200, 500 und 1000 Pesos.

Die gängigen *Kreditkarten* (u.a. Visa, Mastercard, American Express) sind weit verbreitet und werden in Banken, Hotels und zahlreichen Geschäften akzeptiert. Wenn die Abrechnung in Pesos erfolgt, ist der Kurs sehr günstig. Die internationalen Hotelketten hingegen rechnen oft in US-Dollar ab. An Geldautomaten, die dem Maestro-System angeschlossen sind, kann mit einer Maestro-Karte rund um die Uhr Geld abgehoben werden. Aus Sicherheitsgründen sollte man aber nicht zu viel Bargeld mit sich führen.

Tourismusämter im Land

Die örtlichen Büros sind im Haupttext unter ›Praktische Hinweise‹ genannt.

Secretaría de Turismo, Avenida Presidente Masaryk 172, Col. Chapultepec Morales, 11587 México D.F., Tel. (01) 55/30 02 63 00, www.sectur.gob.mx, www.visitmexico.com

Notrufnummern

Polizei: Tel. 080

Ambulanz, Feuerwehr: Tel. 060

ADAC Notrufzentrale München: Tel. 00 49/89/22 22 22 (rund um die Uhr)

ADAC Ambulanzdienst München: Tel. 00 49/89/76 76 76 (rund um die Uhr)

Österreichischer Automobil Motorrad und Touring Club
ÖAMTC Schutzbrief-Nothilfe: Tel. 00 43/(0)1/251 20 00

Touring Club Schweiz
TCS Zentrale Hilfsstelle: Tel. 00 41/(0)2 24 17 22 20

Die **Infotur Help Line** der Tourismusbehörde bietet in Notfällen rund um die Uhr Hilfe: in Mexiko-Stadt Tel. 52 50 01 23, von außerhalb (01) 55/52 50 01 23; kostenlos aus dem gesamten Land unter Tel. 01 8 00/903 92 00.

ADAC Partnerclub: Asociación Mexicana Automovilista (AMA), Orizaba 7, Col. Roma, 06700 México D.F., Tel. (01) 55/52 08 83 29, www.ama.com.mex

Auf den Straßen patrouilliert zwischen 8 und 20 Uhr der Hilfsdienst *Angeles Verdes* (›Grüne Engel‹) in grün-weißen Autos, viele Mechaniker sprechen Englisch. Notreparaturen sind kostenlos, nur Ersatzteile und Material müssen bezahlt werden.

Diplomatische Vertretungen

Botschaft der Bundesrepublik Deutschland, Horacio 1506, Col. Los Morales, Sección Alameda, 11530 México D.F., Tel. (01) 55/52 83 22 00, www.mexiko.diplo.de

Botschaft von Österreich, Sierra Tarahumara 420, Col. Lomas de Chapultepec, 11000 México D.F., Tel. (01) 55/52 51 08 06, www.embajadade austria.com.mx

Botschaft der Schweiz, Torre Optima, 11. Stock, Paseo de las Palmas 405, Col. Lomas de Chapultepec, 11000 México D.F., Tel. (01) 55/91 78 43 70, www.eda.admin.ch/mexico

Besondere Verkehrsbestimmungen

Ampeln stehen auf der gegenüberliegenden Kreuzungsseite. Mit dem Rot für die eine Straße erhält die kreuzende Straße sofort Grün. Rechts abbiegen bei Rot ist gestattet. Von 23 bis 5 Uhr können rote Ampeln an Einmündungen nach einem Stopp mit Vorsicht passiert werden.

Warnschilder sind gelb und rautenförmig. Rot bzw. gelb markierte Fahrbahnränder bedeuten **Parkverbot**. Vor **Engstellen** wird kurz aufgeblendet. Der Erste, der aufgeblendet hat, nimmt sich die Vorfahrt. Größte Vorsicht ist bei **Nachtfahrten** geraten, da mit Schlaglöchern, unbeleuchteten Fahrzeugen sowie Tieren auf der Fahrbahn zu rechnen ist.

Die **Promillegrenze** liegt bei 0,8.

Einmal in der Woche herrscht für jedes Kfz von 5 bis 22 Uhr wegen Smoggefahr

Fahrverbot in **Mexiko-Stadt**. Die Endziffer des Kennzeichens ist hierfür ausschlaggebend. Das Verbot betrifft auch ausländische und gemietete Wagen. Fragen Sie Ihren Autovermieter, an welchem Tag Sie nicht fahren dürfen.

Besonderheiten: **Rechts überholen** ist, obwohl nicht erlaubt, im Stadtverkehr allgemein üblich. Beim Abbiegen oder vor dem Fahrbahnwechsel wird fast nie geblinkt, deshalb besteht die Gefahr von Auffahrunfällen.

Höchstgeschwindigkeit in Orten 30 km/h, auf Landstraßen 70 und auf Autobahnen 110 km/h.

Gesundheit

An *Durchfall* (Moctezumas Rache!) kommt kaum jemand vorbei, meist wegen der ungewohnten Speisen.

Leitungswasser ist generell nicht trinkbar, in den Hotelzimmern steht gewöhnlich Trinkwasser in Flaschen bereit.

In größeren Ortschaften ist die **Klinik** (*Hospital*) mit ambulantem Dienst hilfreich und preiswert. Man sollte jedoch etwas Spanisch sprechen. Die meisten Hotels vermitteln Englisch sprechende **Ärzte**. In der **Apotheke** (*Farmacía*) sind Arzneimittel rezeptfrei zu erhalten.

Sicherheit

Die Kriminalitätsrate in Mexiko-Stadt ist hoch. Um sich keiner erhöhten Gefährdung auszusetzen empfiehlt es sich, keine größeren Geldbeträge bei sich zu tragen. Nach Einbruch der Dunkelheit wird zu besonderer Vorsicht geraten.

Vor der Reise in das Hochland von Chiapas, die Gebiete um Ocasingo und Chenalho sollte man sich möglichst bei örtlichen Stellen (z. B. Touristeninformation in Tuxtla und San Cristóbal) nach der aktuellen Sicherheitslage erkundigen.

Detaillierte und aktuelle Informationen bietet das Auswärtige Amt (Tel. 030/50 00 20 00, www.auswaertiges-amt.de)

Strom

Das Stromnetz wird mit 110/120 V (60 Hz) betrieben, für die mexikanischen Flachstecker ist ein Adapter erforderlich.

Zeit

Mexiko ist in drei Zeitzonen unterteilt, der Zeitunterschied zu Mitteleuropa beträgt minus 7 bis 9 Stunden; in Mexiko-Stadt und den meisten von Touristen besuchten Orten ist es 7 Stunden früher als zu Hause (Sommerzeit 8 Stunden).

■ Anreise

Auto

Will man mit dem *Mietwagen* von US-Grenzstädten (z.B. San Diego/Tijuana und El Paso/Ciudad Juárez) nach Mexiko reisen, muss der Grenzübertritt mit dem Autoverleiher ausdrücklich vereinbart werden. Diese verlangen jedoch hohe Versicherungszuschläge. Die Firmen National und Avis begrenzen zudem den Radius. An der Grenze verlangen die mexikanischen Behörden den Abschluss einer *Haftpflichtversicherung*. Eine *Zollgebühr* von 12 US-Dollar ist (mit Kreditkarte!) zu bezahlen.

Bahn

Von allen Großstädten in den USA und Kanada verkehren Züge zur mexikanischen Grenze. Die meisten sind klimatisiert, bieten Schlaf- und Speisewagen. In Mexiko selbst kann man derzeit nicht mit der Bahn fahren. Die Privatisierung der staatlichen Eisenbahngesellschaft führte zu einer vorübergehenden Stilllegung, die noch nicht aufgehoben ist. So ruht derzeit der Bahnverkehr bis auf einige touristisch bedeutsame Züge wie dem **Maya-Express** (www.expresomaya.com), dem **El Chepe** (www.chepe.com.mx, s. S. 134) oder dem **Tequila-Express** (www.tequilaexpress.com.mx).

Bus

Wer mit dem Bus aus den USA anreist, findet in den mexikanischen Grenzstädten klimatisierte 1.-Klasse-Busse mit WC, die schnell, bequem und preiswert bis nach Mexiko-Stadt fahren. Busstationen liegen z.B. in Tijuana (US-Grenzstadt: San Diego, California), Nogales (Nogales, Arizona), Ciudad Juárez (El Paso, Texas), Nuevo Laredo (Laredo, Texas).

Flugzeug

Die meisten Besucher erreichen Mexiko mit dem Flugzeug. Neben Non-Stop- und Direktflügen bieten sich zahlreiche US-Fluggesellschaften an, die über eine US-Stadt (u.a. New York, Houston, Miami, Los Angeles, San Francisco) nach Mexiko-

Stadt sowie in weitere Großstädte und Touristenorte (u.a. Acapulco, Cancún, Guadalajara, Los Cabos, Puerto Vallarta, Mazatlán, Huatulco, Ixtapa) fliegen.

Die wichtigsten mexikanischen Fluggesellschaften *Mexicana* (www.mexicana. com.mx) und *Aeroméxico* (www.aero mexico.com) fliegen täglich aus den USA, letztere auch aus Europa einen der über 50 internationalen mexikanischen Flughäfen an.

Lufthansa (www.lufthansa.com) verbindet täglich Frankfurt mit Mexiko-Stadt. Günstige Flüge bieten Air Berlin (www. airberlin.de) und Condor (www.condor. de) mehrmals pro Woche u.a. ab Berlin, Dresden, Düsseldorf, Frankfurt, Hannover, München und Zürich nach Cancún. Flüge nach Mexiko-Stadt ab Deutschland bieten auch British Airways (via London), Air France (via Paris), KLM (via Amsterdam), Iberia (via Madrid). Bei der Rückreise wird eine Flughafengebühr von etwa 32 US-Dollar erhoben (meist im Ticketpreis enthalten).

■ Bank, Post, Telefon

Bank

Banken sind Mo–Fr 9–17 Uhr geöffnet (kleinere Filialen Mo–Fr 9–13.30 Uhr), Wechselstuben Mo–Fr 8.30–18 Uhr sowie Sa/So 8.30–14 Uhr, auf den Flughäfen durchgehend.

Post

Postämter sind Mo–Fr 9–18 und Sa 9–12 Uhr geöffnet. Ein Luftpostbrief (*Carta postal*) nach Europa kostet 16 Pesos und eine Postkarte (*Tarjeta postal*) mit Luftpost (*Aereo*) 14 Pesos Porto.

Telefon

Internationale Vorwahlen:
Mexiko 00 52
Deutschland 00 49
Österreich 00 43
Schweiz 00 41

Achtung: Bei Inlandsferngesprächen in Mexiko selbst ist der jeweiligen Ortsvorwahl eine 01 voranzustellen.

Europäische GSM-Dual-Band-**Mobiltelefone** funktionieren in Mexiko noch nicht. Man benötigt ein Triband-Handy.

Vom Hotel geführte Auslandsgespräche sind teuer wegen der zusätzlich erhobenen Gebühren und der staatlichen Luxussteuer. Man kauft sich besser eine *Telefonkarte* (Calling Card) zu 30, 50 oder 100 Pesos und telefoniert von den öffentlichen Fernsprechern aus.

■ Einkaufen

Kaufhäuser und Supermärkte haben in der Regel Mo–Sa 9–20 Uhr geöffnet. Kleinere Läden schließen meist von 13–16 Uhr.

Fantasievoll und in leuchtenden Farben präsentiert sich dem Besucher das einheimische **Kunsthandwerk**. Jeder Bundesstaat, beinahe jedes Dorf kennt eigene, typische Produkte. Indianische **Webarbeiten** kauft man am besten in den Bundesstaaten Oaxaca und Chiapas: Tücher, Blusen und Taschen in wunderschönen, exotisch anmutenden Mustern und Farbkombinationen. Auf der Karibik-Halbinsel Yucatán werden von den Maya hergestellte weiße Blusen (*Huipiles*) mit üppig bestickter Passe (Hals- und Schulterteil) verkauft. In Yucatán wie im Hochland entdeckt man auch hölzerne, bunt bemalte **Masken**. Traditionell werden diese bei den heute noch stattfindenden rituell-religiösen Tänzen eingesetzt. Die Masken symbolisieren Teufel und Dämonen ebenso wie Fabelwesen und historische Figuren.

Zentren der **Keramikherstellung** sind die Bundesstaaten Jalisco, Michoacán, Puebla und Oaxaca. Produziert werden Teller und Tassen, Krüge und Schalen ebenso wie Nachbildungen präkolumbischer Kleinplastiken. Besonders reizvoll sind die vom Indianerstamm der *Tarasken* in Michoacán gefertigten Stücke, die mit leuchtend grüner Farbe glasiert werden. Metallisch glänzendes Schwarz hingegen zeigen viele im Bundesstaat Oaxaca gebrannte Vasen. Zu den schönsten (und teuersten) Keramiken gehört das in Puebla hergestellte *Talavera-Geschirr*. Die bauchigen Krüge und dickwandigen Henkeltassen tragen ebenso wie die kleinen quadratischen Kacheln arabeske Muster, oft in Gelb- und Blautönen.

Von den Azteken stammt der Brauch, auf Baumrindenpapier zu schreiben. Heute gehört das handbemalte und in alle Welt exportierte **Papel Amate** zu den farbenfrohen Mitbringseln. Mit geometrischen Mustern bemalt oder graviert werden Kalebassen, ausgehöhlte und getrocknete Flaschenkürbisse, die als Gefäße für wenige Pesos verkauft werden.

Aus dem glänzenden Vulkanstein **Onyx** geschnitten werden allerlei dekorative Gebrauchsgegenstände, vom Kerzenhalter bis zum Schachspiel. Neben eher kitschig wirkenden Götterfiguren werden auch künstlerisch anspruchsvolle Plastiken geschaffen.

Qualitätvolles Kunsthandwerk erhält man in den staatlichen **FONART-Läden** (www.fonart.gob.mx), die in den meisten größeren Städten und Touristenzentren eine Filiale unterhalten.

Mexiko ist **Silberproduzent** und Silberschmiede Nr.1 in der Welt, nirgendwo sonst ist die Auswahl größer. Gearbeitet wird von Hand. Verkauft wird nach Gewicht, und der 925er Stempel garantiert höchste Reinheit. Silberhochburg ist *Taxco*. In Hunderten von Geschäften werden Schmuck und Gebrauchsgegenstände aus Silber verkauft. *Platerías*, Silbergeschäfte, findet man außerdem in den von Touristen besuchten Orten der Westküste, des Hochlandes und Yucatáns. Besonders reizvoll sind die mit Edelsteinen verzierten Ringe und Armbänder. Beliebt sind Türkise, deren leuchtendes Blau hervorragend zum Silberglanz passt.

Märkte

Frisches Obst wird auf den Märkten zu kunstvollen Pyramiden aufgetürmt, Frühlingszwiebeln und Tomaten werden appetitlich arrangiert. Hier findet man Körbe und Taschen ebenso wie handgeschnitzte Kämme und ein breites Sortiment an Heilkräutern. Neben Tages- und Wochenmärkten finden in größeren Orten regelmäßig *Kunsthandwerksmärkte* statt. Indianer reisen von weit her an, um ihre Webereien und handgefertigten Puppen zu verkaufen. Hier darf nach Herzenslust gehandelt werden: Preisnachlässe bis zu 40 % sind keine Seltenheit. Aber bedenken Sie stets: Die Indianer gehören in Mexiko zur ärmsten Bevölkerungsgruppe, ihre Webereien zu den arbeitsintensivsten Handarbeiten.

■ Essen und Trinken

Die Ureinwohner Mexikos liebten es vegetarisch: Mais, Avocado, Chili, Kartoffeln, Bohnen und Tomaten gehörten zu ihren bevorzugten Nahrungsmitteln, erst später und auch nur gelegentlich kamen Kaninchen und Wild hinzu. Die Spanier brachten neben Rindern, Schweinen und Geflügel unbekannte Gewürze und Zubereitungsarten ins Land.

Restaurants

Comedores heißen die einfachen, in jedem Dorf zu findenden Restaurants, in denen die Gerichte nur wenige Pesos kosten. Häufig angeboten wird eine *Comida corrida*, ein preiswertes, täglich wechselndes Tagesmenü. In den großen Hotels wird gern international gekocht. Die größte Auswahl an Restaurants gibt es in Mexiko-Stadt, Acapulco und Cancún. US-amerikanische Fast-food-Lokale sind in fast jeder Stadt zu finden. Empfehlenswert sind die Restaurants der Kaufhauskette ›Sanborns‹ (www.sanborns. com.mx), die – oft in historischen Häusern – traditionelle mexikanische Küche der Mittelklasse bieten. In den Kolonialstädten des Hochlandes wird das Essengehen zum Erlebnis. Hier gibt es Restaurants, die in stilvollen Herrenhäusern untergebracht sind. Gespeist wird im blumenüberwucherten Patio wie unter lauschigen Arkadengängen. Vielerorts spielen dazu Mariachi-Kapellen auf.

Typisch für Mexiko sind die **Straßenstände**, an denen Frauen Obst und frisch gepresste Säfte sowie kleine Gerichte anbieten. Die Mexikaner schätzen seit jeher ihre *Antojitos* – die ›kleinen Sehnsüchte‹, Zwischendurch-Mahlzeiten. Die **Zubereitungsarten** variieren: In Yucatán sind viele Gerichte karibisch inspiriert, im Norden macht sich der US-amerikanische Einfluss bemerkbar, liebt man die sog. Tex-Mex-Küche. Deftig und rustikal, mit starkem spanischen Einschlag gibt sich die Küche des Hochlandes. Geschätzt wird der *Pozole*, ein Eintopf aus Schweine- und Hühnerfleisch, Mais und Gemüse, serviert mit Limetten. Überall an der Küste bereichern Fische und Meerestiere das Speisenangebot. Probieren Sie *Huachinango* (roter Schnapper), der gegrillt oder in einer feurigen Tomatensoße serviert wird. An den Straßenständen ist jedoch stets auch Vorsicht geboten, denn nicht überall herrscht ausreichende Hygiene vor.

Getränke

Aguas frescas heißen die in großen Glasbehältern auf den Märkten verkauften Getränke aus püriertem Obst und Was-

In vielen Städten Mexikos kann man in Herrenhaus-Atmosphäre festlich dinieren

Chili, Salsa und Tortilla – das ABC der mexikanischen Küche

¡Viva México! heißt es bereits morgens. Ein typisches **Frühstück**, das überall im Land angeboten wird, besteht aus Rühreiern, die mit Zwiebeln, Chilis und Tomatenstückchen gebraten werden: **Huevos revueltos a la mexicana**. Geschätzt werden auch **Huevos rancheros** (Eier nach Rancher-Art), bestehend aus Spiegeleiern, die mit Tomatensoße, Bohnen und Tortillas serviert werden. In den Hotels wird dieses Angebot ergänzt durch Obstsäfte, frische Papayas, Ananas und Melonen ebenso wie Brot, Käse und **Pan dulce**. Dieses süße Hefebrot, das in den zahllosen kleinen Panaderías mehrmals am Tag gebacken wird, stammt von den spanischen Konquistadoren. **Pan de muerto** hingegen wird nur in den Tagen um Allerheiligen und Allerseelen verkauft: Das süße Brot wird mit Zuckerguss in leuchtenden Farben verziert und mit aus Zuckerguss geformten Knochen und Totenschädeln geschmückt. Traditionell opfert man die Süßigkeiten den Ahnen.

Tortillas werden aus Maismehl – seltener Weizenmehl – gebacken. Die dünnen Fladen, die die mexikanische Hausfrau in Tortillerías gleich dutzendweise ersteht, sind die Basis für zahlreiche Gerichte. Warm werden sie zu Suppen wie Eintöpfen gereicht. Mit einer Füllung aus Huhn, Fleisch, Fisch oder Gemüse und zusammengerollt nennt man sie **Tacos**. Fritierte und belegte Tortillas werden zu **Tostadas**. **Enchiladas** wiederum sind zusammengerollte und in eine Chilisauce getauchte Tortillas, die mit Fleisch oder Geflügel gefüllt, manchmal mit Käse oder Sahne überbacken werden.

Auf Märkten und zu Festtagen werden die schon von den Azteken geschätzten **Tamales** serviert: eine Maismehl-Speise, die in Mais- (auch Bananen-)Blätter gewickelt und gedämpft wird. Probieren Sie eine **Sopa de tortilla** (auch **Sopa de Azteca**), die klassische mexikanische Tortillasuppe, bestehend aus einer kräftig gewürzten Hühnerbrühe, die mit Tomaten, Avocadostückchen, Chilis und gebratenen Tortillastreifen gegessen wird.

Auf der Halbinsel Yucatán wiederum wird überall die köstlich duftende **Sopa de lima** serviert, eine mit bitteren Limetten, Kreuzkümmel und Zimt gewürzte Hühnersuppe. Vor dem Servieren legt man eine Limettenhälfte und Avocadoscheiben in die Suppentasse, manchmal werden noch Tortillastreifen hinzugegeben.

Unentbehrlicher Bestandteil der Gerichte sind **Salsas**, kalt servierte, pikant schmeckende Soßen. Zumeist bestehen diese aus fein gehackten Zwiebeln und Tomatenstückchen sowie frischem, gehacktem **Cilantro** (Koriander). Winzige **Chilis** – von denen es in Mexiko unzählige Sorten gibt – verleihen der Soße ihre typische Schärfe. **Mole poblano** heißt die berühmte warme Soße, einst Inbegriff der hohen mexikanischen Kochkunst, heute als Fertiggericht in Supermärkten angeboten. Traditionell wird sie zu Truthahn gereicht. Ebenfalls beliebt: **Guacamole**, ein Püree aus Avocados, Tomaten, Zwiebeln und Chilis, das mit knusprigen Tortillastückchen serviert wird.

Zu den von Feinschmeckern geschätzten Vorspeisen gehört **Ceviche**, ein Cocktail aus rohem Fisch oder Meeresfrüchten, in Limettensaft mariniert. An Ständen überall im Land werden hingegen **Tortas** verkauft, mexikanische Brötchen, die man mit braunem Bohnenmus (Frijoles) bestreicht und mit Käse, Zwiebeln, Huhn und Avocados reichlich belegt.

ser. Besucher sollten aber lieber zu *Jugos*, reinen **Säften**, greifen, die aus Orangen, Mangos, Ananas und Karotten frisch gepresst werden.

Für die Indianer war es der Gott Quetzalcóatl, der ihnen zeigte, wie man Kakaobohnen anbaut und daraus Schokolade zubereitet. Schon der Aztekenkaiser Moctezuma schätzte eine gute Tasse heißen **Kakaos**. Getrunken wurde aus goldenen Bechern – so die Berichte der Konquistadoren. Heute serviert man das Getränk mit einer Prise Piment oder Vanille versetzt.

Kaffeetrinker werden vom dünnen *Café americano* enttäuscht sein. Verlangen Sie lieber den traditionellen *Café de olla*, einen scharf gerösteten Kaffee, der mit Zimt, Nelken und Kardamom aufgekocht und in einer Tontasse serviert wird. Köstlich!

Das mexikanische **Bier** (*Cerveza*) wird weltweit geschätzt. Von den hellen (*Clara*) Bieren sind Corona, Dos Equis, Superior und Tecate zu empfehlen, von den dunklen (*Obscura*) Negra Modelo.

Weiß- und Rotwein tauchen immer häufiger auf den Speisekarten auf. Erst seit der Unabhängigkeit wird in Mexiko Wein angebaut. Die Produktion konzentriert sich auf die Halbinsel Baja California und Querétaro.

Tequila heißt das mexikanische Nationalgetränk, das aus dem Saft der Maguey-Agave gewonnen wird. Renommiert sind die Marken Sauza und Cuervo. Junger Tequila ist von weißer Farbe und wird gern mit Zitronenscheibe und Salz genossen. Der mehrere Jahre in Eichenfässern gelagerte Tequila hingegen schimmert goldgelb und wird von Kennern wie ein Cognac getrunken. Deftiger im Geschmack ist **Mezcal**, der überwiegend im Bundesstaat Oaxaca aus der Mezcal-Agave gewonnene Schnaps, traditionell mit einem *Gusano*, dem in der Agave lebenden kleinen Wurm, serviert.

Mexikos beliebtester **Cocktail** heißt *Margarita* und besteht aus zerstoßenem Eis, weißem Tequila und Limettensaft. Gern wird der Glasrand dabei mit Salz bestückt. Sehr beliebt ist auch die *Piña Colada:* Ananassaft und Kokosmilch werden mit zerstoßenem Eis gemischt und mit Rum aromatisiert. Probieren Sie auch *Kaluah*, den mexikanischen Kaffeelikör; er schmeckt sowohl mit Eiswürfeln als auch im Kaffee.

Trinkgeld

Preise in Hotels und Restaurants sind oft ohne Bedienung (*Servicio*). Ein Trinkgeld (*Propina*) von 10–15 % des Rechnungsbetrages ist daher angebracht.

Während der Taxifahrer kein Trinkgeld erwartet, rechnet der Gepäckträger am Flughafen und im Hotel mit 3–5 Pesos, das Zimmermädchen mit 5 Pesos pro Übernachtung. Wünscht man eine Gefälligkeit oder eine Dienstleistung, z.B. im Hotel ein anderes Zimmer oder die Beschaffung von Briefmarken, gibt man die *Propina* im Voraus.

■ Feiertage

1. Januar (Año Nuevo), 5. Februar (Tag der Verfassung, Aniversario de la Constitución), 21. März (Geburtstag von Benito Juárez, Aniversario del Natalicio de B. Juárez), 1. Mai (Tag der Arbeit, Día del Trabajo), 5. Mai (Jahrestag der siegreichen Schlacht über die Franzosen 1862, Aniversario de la Batalla de Puebla), 1. September (Bericht des Präsidenten zur Lage der Nation, Informe Presidencial), 16. September (Unabhängigkeitstag, Día de la Independencia), 12. Oktober (Amerikatag oder Kolumbustag, Día de la Raza), 1. November (Allerheiligen, Día de los Santos), 2. November (Allerseelen, Día de los Muertos), 20. November (Tag der Revolution, Aniversario de la Revolución), 12. Dezember (Aparición de la Virgen Nuestra Señora de Guadalupe), 25. Dezember (Weihnachten, Navidad)

■ Festivals und Events

Januar

Merida, *Merida International Arts Festival* (www.merida.gob.mx/festival): Konzerte, Theater, Tanz, Kino, Literatur.

Februar

Veracruz u.v.m., *Fiesta de la Candelaria* (2. Februar): An zahlreichen Orten finden Tänze und Prozessionen statt.

Veracruz, **Campeche**, **Mazatlán** u.v.m., *Carnaval*: Karneval-Feierlichkeiten mit Paraden und Straßenfesten.

Mexiko-Stadt, *Festival Internacional de Cine Contemporáneo* (www.ficco.com. mx.): Internationales Filmfestival.

März/April

Veracruz, *Cumbre El Tajín* (www.cumbre tajin.com): Festival mit Kunstausstellungen, Konzerten, Workshops.

Mexiko-Stadt, Taxco, San Cristóbal de las Casas u.v.m., *Semana Santa*: In der Karwoche werden in vielen Orten Passionsspiele aufgeführt.

Mai

Chihuahua: Patronatsfest von Santa Rita.

Juni

San Juan Chamula, bei San Cristóbal de las Casas (24. Juni), *Fiesta San Juan* mit aufwendigen religiösen Prozessionen und Reiterspielen.

Juli

Oaxaca, *Guelaguetza Lunes del Cerro* (www.oaxacainfo.com): großes Volksfest mit Tänzen und Prozessionen an zwei Montagen im Cerro del Fortín, einem Amphitheater.

August

Mexiko-Stadt (13. August), *La Conquista*: Am Jahrestag des Sieges von Hernán Cortés über den letzten Aztekenkaiser, Cuauhtémoc, wird die Plaza de las Tres Culturas Schauplatz indianischer Tänze.

Cholula u.v.m., *Fiesta de la Asunción* (15. August): Wallfahrten und Blumenteppiche an zahlreichen Orten.

September

San Miguel de Allende (29. September): *Fiesta San Miguel*.

Guadalajara, *Encuentro Internacional Mariachi y la Charrería* (www.mariachi-jalisco. com.mx): In zahlreichen Konzerten wird die Mariachi-Musik zelebriert.

Oktober

Guanajuato, *Festival Internacional Cervantino* (www.festivalcervantino.gob. mx). Im Teatro Juárez und auf den Plätzen der Stadt werden die Cervantinischen Zwischenstücke (*Entremeses Cervantinos*) von Cervantes aufgeführt.

November

Oaxaca, Pátzcuaro-See u.v.m., *Día de los Muertos* (2. November): An zahlreichen Orten wird Allerseelen mit Gedenkfeiern für die Verstorbenen zelebriert.

Huatulco, *Festival del Mar* (www.musica delmar.com): Klassik- und Jazzkonzerte, Theater, Lesungen.

Riviera Maya, *Riviera Maya Jazz Festival* (www.rivieramayajazzfestival.com): An mehreren Orten entlang der Riviera Maya treten internationale Jazz-Musiker auf.

Dezember

Mexiko-Stadt u.v.m., *Posada* (16.–24. Dezember): Überall in Mexiko wird die Herbergssuche von Maria und Josef nachgespielt. Es gibt öffentliche Posadas und private, die mit Familie und Freunden gefeiert werden.

■ Fotografieren

Angehörige der **indianischen Minderheiten** lassen sich nicht gern fotografieren, ihre **Zustimmung** (*una foto?*) ist einzuholen. Die archäologischen Stätten sind wegen der hellen Sonneneinstrahlung besser morgens und abends zu fotografieren. Für das Fotografieren in Museen und Kirchen wird meist eine Gebühr erhoben, Blitzlicht ist oft verboten.

Klimadaten Mexiko

Städte	Jan.	Febr.	März	April	Mai	Juni	Juli	Aug.	Sept.	Okt.	Nov.	Dez.
Acapulco	26,4 –	26,6 –	26,6 –	27,0 –	27,8 3	28,6 13	28,6 12	29,1 12	28,1 15	28,3 9	27,8 5	27,1 1
Mérida	22,9 6	23,6 6	25,8 5	27,3 5	28,0 10	27,7 19	27,2 20	27,6 19	27,1 20	25,9 17	24,5 13	23,2 9
Mexiko-Stadt	12,6 5	14,3 5	16,9 8	17,9 14	17,6 17	17,4 21	15,5 27	16,3 27	15,6 23	15,0 13	14,1 8	12,5 4
Monterrey	16,4 4	17,6 5	20,3 6	23,7 7	26,1 9	28,1 8	29,4 8	28,3 7	25,9 8	22,4 10	17,7 9	15,6 6
Veracruz	21,8 3	22,5 3	23,9 2	25,8 2	27,8 6	28,1 14	28,1 19	28,2 18	27,2 19	26,7 13	24,5 10	23,0 5

1. Zeile: Durchschnittstemperatur in °Celsius; 2. Zeile: Regentage

Klima und Reisezeit

Das Klima in Mexiko ist abhängig von der geografischen Lage (Pazifik- oder Atlantikseite) und der Höhe. Es ist daher schwierig, einheitliche klimatische Verhältnisse oder gar deutlich abgegrenzte **Klimazonen** zu beschreiben. An der *Pazifikküste* und im *Hochland* gelten die Monate Juni bis September als Regenzeit; meist regnet es kurz und heftig am Nachmittag oder Abend, danach scheint wieder die Sonne. Die Luftfeuchtigkeit ist dann höher als in der Trockenzeit (die von Oktober bis Mai währt). An der *Atlantikseite* dauert die Regenzeit länger (von Mai bis November) und es kann durchaus auch während des gesamten Tages regnen. Zwischen Mai und Dezember können über der Karibik Hurrikane entstehen. Die Tropenstürme richten oft enorme Schäden an. Reisende sollten die regionalen Wettervorhersagen verfolgen und Hinweise der Behörden beachten.

Die **Temperaturen** eines Ortes werden im Wesentlichen von seiner Höhenlage bestimmt. Bis zu 800 m Höhe verwendet man die Bezeichnung *Tierra caliente* (heiße Zone), dazu gehören die Küstengebiete und die Yucatán-Halbinsel. Es ist heiß, Durchschnittstemperatur 25 °C, und im Sommer dazu luftfeucht. Auf der Yucatán-Halbinsel und an der Südküste des Golfs von Mexiko fällt im Juli/August besonders viel Regen.

Die *Tierra temporada* (gemäßigte Zone), Durchschnittstemperatur um 20 °C, erstreckt sich von 800 m bis 1600 m Höhenlage; es ist warm und angenehm. Erst in der *Tierra fría* (kalten Zone) oberhalb 1600 m, also im gesamten Hochland, wird es bei milden Tagestemperaturen (um 15 °C) nachts deutlich kälter. Am Golf von Mexiko, z. B. in Veracruz und Villahermosa, ist es im Frühling und Sommer sehr heiß und luftfeucht.

Eine Besonderheit bilden noch die nördlichen, semi-ariden ›*Wüsten*‹-Gebiete: im Winter fallen die Temperaturen deutlich, im Sommer ist es sehr heiß (bis 40 °C), die Regenzeit ist kurz und unbestimmt.

Kultur live

Ballet Folklórico

Aufführungen altindianischer Tänze der unterschiedlichen Ethnien Mexikos:

Palacio de Bellas Artes, Eje Central/Avenida Juárez, Mexiko-Stadt, Tel. (01) 55/55 12 25 93, www.bellasartes.gob.mx. Aufführungen der bekanntesten folkloristischen Tanzgruppe, des *Ballet Folklórico de México* (www.balletamalia.com). Außerdem werden regelmäßig klassische und moderne Theaterstücke gespielt.

Teatro Degollado, Plaza de la Liberación, Guadalajara, Tel. (01) 33/36 13 11 15. Neben altindianischen Tänzen kommt auch klassisches und modernes Theater zur Aufführung.

Cancún Center, Paseo Kukulcán km 9, Cancún, Tel. (01) 998/881 04 00, www.cancuncenter.com

Hotel Camino Real, Calle 5 de Mayo 300, Oaxaca, Tel. (01) 951/501 61 00, www.camino-real-oaxaca.com

Museen und archäologische Stätten

Die staatlichen Museen sind in der Regel Di–So 9–17 Uhr, die großen archäologischen Stätten täglich 8–18 Uhr geöffnet. Die Öffnungszeiten sind im Textteil aufgeführt.

Nachtleben

In den Touristenorten und Großstädten hat jedes große Hotel eine **Disko**, die größte Auswahl bieten Cancún und Acapulco. Bevorzugt werden natürlich lateinamerikanische Rhythmen. **Fiesta Mexicana** heißen gewöhnlich die in großen Hotels wöchentlich stattfindenden ›Dinner Shows‹, bei der mit Mariachi-Musik und Peitschengeknall vermeintlich mexikanische Lebensart vorgeführt wird. Die Protagonisten tragen große Sombreros, die Musiker vergehen vor Weltschmerz und zuweilen kommt auch ein Pferd oder zumindest ein Esel in den Saal. Die Zuschauer werden mit mexikanischer Küche verköstigt und trinken *Margarita* (Herren) sowie *Piña Colada* (Damen).

Bars und **Nachtklubs** findet man in den Touristenorten und Großstädten, oft in den Luxushotels, besonders vielfältig in den Grenzstädten zu den USA. **Peñas** nennt man Kneipen und Restaurants, in denen lateinamerikanische Volksmusik und -lieder vorgetragen werden. Früher war das Liedgut eher politischen Inhalts, heute bezieht es das gesamte Alltagsleben mit ein.

■ Ortsangaben und Adressen

Vor allem in den Kolonialstädten mit ihrem schachbrettartig verlaufenden Straßennetz sind die Straßen nummeriert und oft auch in Avenida (Ave.) und Calle unterschieden, z.B. 5a Ave. (5.Avenida) oder Calle 3. Gelegentlich kennzeichnet die Unterscheidung den Richtungsverlauf, Avenidas laufen in Nord-Süd-, Calles in Ost-West-Richtung oder umgekehrt. Der Bereich der Adresse wird oft zusätzlich zur Straße mit Norte (Nord), Sur (Süden), Oriente (Osten) und Poniente (Westen) angegeben. Fehlen Hausnummern, dann wird die Straßenecke oder s/n (*sin numero*) genannt; bei der Adressenangabe 3a Ave. Sur/4a Calle Poniente z.B. findet man das Haus im südlichen Bereich der 3.Avenida an der Ecke zur 4.Calle (und diese liegt im Westen).

■ Sport

Aktivurlauber schätzen die hervorragenden Wassersportmöglichkeiten – schließlich hat Mexiko gut 12 500 km Küstenlinie zu bieten. Die Ferienzentren warten zudem mit einer großen Anzahl an Golfplätzen auf, z.T. in herrlicher Lage.

Golf

Auch in Mexiko erfreut sich der grüne Sport großer Beliebtheit. So verfügen die Touristenzentren wie Acapulco, Ixtapa, Huatulco, Mazatlán, Puerto Vallarta, Cancún, aber auch einzelne Luxushotels über zahlreiche anspruchsvoll gestaltete *Greens* (insgesamt 200 Plätze). Als Golf-Mekka gilt *Baja California* (www.golfbaja. com). Inmitten wüstenähnlicher Umgebung errichteten Robert Trent Jones und seine Designer-Kollegen spektakuläre 18-Loch-Plätze. Der Pok-ta-Pok-Platz (www.cancungolfclub.com) in Cancún dagegen rühmt sich einer eigenen, in den Kurs integrierten Maya-Ruine. Über eine einmalige Lage verfügt der Golfplatz des Hilton-Cancun-Hotels. Er bietet einen grandiosen Rundblick auf die archäologische Stätte El Rey, die ebenso schimmernde Lagune Nichupté ebenso wie auf das Karibische Meer.

Hochseeangeln

Hochburg sind die Häfen der Halbinsel **Baja California**, nämlich Ensenada, Guerrero Negro, Santa Rosalía, Loreto, La Paz und Cabo San Lucas. Die beiden letztgenannten Orte sind berühmt für ihre internationalen Turniere. Auch entlang der **Westküste** liegen einige Hafenstädte, die in den vergangenen Jahren zunehmend Hochseeangler angezogen haben: Guaymas, Mazatlán, Puerto Vallarta, Manzanillo, Zihuatanejo und Acapulco. Für diese Orte wie für Baja California gilt: Das Angeln ist mittlerweile recht teuer geworden, ein Tagesausflug ist nicht unter 100 US-Dollar zu haben. Wer dies vermeiden will, sucht sich kleine Fischerdörfer, in denen man sich um die Kundschaft bemüht: z.B. San Carlos im Süden von Baja California und die Fischerdörfer zwischen den Großstädten der Westküste.

Strände

Strände, wie man sie aus der Werbung kennt: weiß und feinsandig, umrahmt von Schatten spendenden Palmen. Das Meer schimmert in den schönsten Türkistönen und lädt mit sanftem Wellenschlag zum Baden ein. Solche Idylle findet der Besucher an der **westlichen Pazifikküste** wie an der **Karibikseite in Yucatán** – vorausgesetzt, ein vor der Küste liegendes Korallenriff oder eine Bucht sorgen für geringen Wellengang. Am offenen Pazifik ist es für ungeübte Schwimmer oftmals zu stürmisch – Surfer finden hier hingegen ihr Paradies. Für *Kleinkinder* ist die vor Cancún liegende *Isla Mujeres* ideal, da man an vielen Stellen weit ins ruhige und flache Wasser waten kann. Cancún selbst kennt gefährliche *Unterwasserströmungen*. Flaggen weisen auf Gefahren hin und an manchen Tagen ist es sicherer, im Pool zu baden.

Wassersport

Für **Taucher** und **Schnorchler** ist Mexiko ein ideales Reiseland. Seinem Lieblingssport frönen kann man an nahezu allen Küstenabschnitten. Als besonders lohnend gilt die *Karibikküste*, etwa um die Inseln Cozumel (Treffpunkt von Tauchern aus aller Welt) und Mujeres, ebenso bei den Küstenorten Akumal, Xcaret und Xel-Há. Dort findet man Korallenriffe wie Unterwasser-Schutzgebiete, eine intakte Fauna und Flora. Einen besonderen Reiz bilden in Yucatán die unterirdischen Flüsse und *Cenotes*, d.h. Kalksteineinbrüche, in denen ebenfalls getaucht wird, z.B. in Xcaret [s. S. 119].

An der *Westküste* sind Cabo San Lucas, Mazatlán, Ixtapa und Puerto Vallarta seit jeher bei Tauchern beliebt. **Surfen, Schirmfliegen** (vom Motorboot gezogener Fallschirm) und andere Wassersportarten kann man an allen Küsten betreiben, in Touristenzentren ist das Angebot erwartungsgemäß besonders vielfältig. **Segelboote** werden in den größeren Orten der Halbinsel Baja California, der Westküste ebenso wie in Cancún angeboten. Für **Wildwasserfahrten** eignet sich besonders der Bundesstaat Veracruz. Von Juli bis September lockt die starke Strömung der Flüsse Antigua und Pescados viele Abenteurer nach Jalcomulco (40 km südwestlich von Jalapa).

◼ Statistik

Lage: Mexiko wird im Norden von den USA und im Süden von Guatemala sowie Belize begrenzt. Im Westen bildet der Pazifik die Grenze, im Osten der Atlantik (Golf von Mexiko und Karibische See). Der größte Teil des Landes zählt zu Nordamerika, nur Chiapas und die Yucatán-Halbinsel zählen zu Mittelamerika.

Fläche: 1 958 200 km²; etwa die Hälfte des Landes liegt über 1500 m hoch und wird im Osten und Westen von den Gebirgsketten der Sierra Madre begrenzt, im Süden von der Vulkankette Sierra Volcánica Transversal. Auf Meeresniveau liegen die langen Küstenstreifen und die Yucatán-Halbinsel.

Verwaltung: Die Vereinigten Mexikanischen Staaten, Estados Unidos Mexicanos, wie das Land offiziell heißt, bestehen aus 31 Bundesstaaten (*Estados*), die von einem Gouverneur regiert werden, und einem Bundesdistrikt (*Distrito Federal, D.F.*) mit direkt gewähltem Bürgermeister.

Bevölkerung: 110 Mio. (2008), davon ca. 12–15 % indianischer Zugehörigkeit. 87 % der Mexikaner sind Katholiken.

Wirtschaft: 90 % der Exporte Mexikos entfallen auf Freihandelsabkommen mit über 40 Ländern. Mexiko ist Mitglied der OECD und des NAFTA, des Nordamerikanischen Freihandelsabkommens. Es besitzt große Erdölvorkommen, die Staatsverschuldung ist konstant, das wirtschaftliche Wachstum liegt bei 3,6 % (2007), die Arbeitslosenquote bei 8,4 %.

Vulkanwandern

Zu den abenteuerlichsten Herausforderungen in Mexiko gehört eine Vulkanbesteigung. So lassen sich die Vulkane **Pico de Orizaba** (5742 m) und **Ixtaccíhuatl** (5286 m) mit erfahrenen Bergführern begehen. Diese können auch hinsichtlich der erforderlichen Ausrüstung (Bergschuhe, Steigeisen) beraten. Der **Popocatépetl**, mit seinen 5462 m der zweithöchste Berg Mexikos, darf derzeit nicht bestiegen werden, denn er ist nach einer 50 Jahre währenden Ruhepause seit 1994 wieder aktiv. Doch auch ein Spaziergang durch den **Parque Nacional Itza-Popo**, 24 km östlich von Amecameca, ist ein beeindruckendes Erlebnis. Infos:

Servimont, Tel. (01) 245/451 50 09, www.servimont.com.mx. Touren auf den Pico de Orizaba. Mehrere Monate im Voraus bestellen.

Allerdings leben ca. 40 % der Bevölkerung unter der Armutsgrenze.

Tourismus: 22 Mio. Besucher, vor allem US-Amerikaner, brachten Mexiko im Jahr 2007 rund 10 Mrd. US-Dollar Devisen. Aus dem deutschsprachigen Raum kamen 320 000 Besucher.

◼ Unterkunft

Von der Hängematte für 3 US-Dollar bis zur Hacienda für 300 US-Dollar pro Nacht reicht die Palette der Unterkünfte. Die Häuser der internationalen Hotelketten haben ähnliche Ausstattung (und Preise) wie in der übrigen Welt. Viel schöner, weil typisch, sind Übernachtungen in den Kolonialhotels, untergebracht in ehem. Haciendas, Stadtpalästen und Klöstern.

Camping

Zeltplätze europäischer Prägung sind in Mexiko unbekannt. Meist handelt es sich um sog. Trailer Parks nach US-Art, auf denen man im Wohnwagen nächtigt. Die meisten dieser Campingplätze liegen entlang der Küsten. Das freie Zelten am Strand ist erlaubt, aber riskant. In kleineren Strandorten der Pazifikküste findet man Vermieter, die ihren Garten für das Aufhängen einer Hängematte oder das

Aufstellen eines Zeltes gegen geringe Gebühr zur Verfügung stellen.

Hotels

Die mexikanischen Hotels werden in sieben Kategorien eingeteilt: ohne Stern, 1 bis 5 Sterne und GT (Gran Turismo). Die Preise unterliegen staatlicher Überwachung (außer GT), d.h. die Höchstpreise werden zweimal jährlich festgesetzt und im Zimmer ausgehängt.

Die Säkularisierung nach der Revolution hat vielen **Klöstern** eine neue Bestimmung gebracht. Einige wurden zu Hotels umgewandelt: Man schläft in den einstigen Mönchs- (oder Nonnen-)Zellen, wandelt durch freskengeschmückte Kreuzgänge und speist im Klosterhof beim plätschernden Brunnen. Ein Paradebeispiel ist das Kloster Santa Catalina (16. Jh.) in Oaxaca, das heutige Hotel Camino Real [s. S. 85].

Die großzügige Wohnkultur spanischer Edelleute kommt heute nicht nur der mexikanischen Oberschicht, sondern auch den Touristen zugute. Weitläufige, durch Patios strukturierte **Stadtpaläste und Herrenhäuser**, von ein- oder zweistöckigen Arkadengängen umsäumt, entführen den Besucher in die Vergangenheit. Gelegentlich werden mehrere Häuser zu einer Hotelanlage zusammengefasst und bieten dann einige Dutzend Zimmer – gewöhnlich stehen kaum mehr als zehn große Suiten zur Verfügung. Da die Nachfrage hoch ist, empfiehlt sich eine frühzeitige Buchung.

Der **Übernachtungspreis** richtet sich nach der Kategorie des Hotels und der jeweiligen Region: Bei gleicher Ausstattung kostet ein Zimmer in Acapulco oder Cancún wesentlich mehr als z.B. in Morelia. In der GT-Kategorie (meist internationale Hotelketten) entsprechen die Preise den europäischen; Hotels der Mittelklasse sind preiswerter als daheim.

Jugendherbergen

In Mexiko bieten viele Jugendherbergen (*Albergue juvenil, Albergue de la juventud*) preiswerte, z.T. auch komfortable Unterkunft, z.B. Hostelling International Mexico (República de Guatemala 4, Col. Centro, Mexiko-Stadt, Tel. (01) 55/55 18 17 26, www. hostellingmexico.com), die sich auch online reservieren lassen. In vielen Orten gibt es außerdem private, preiswerte Herbergen (Hostal) für jüngere Leute.

Pensionen

Pensión, Hospedaje oder *Casa de huéspedes* heißen die kleinen Familienbetriebe, die günstig Unterkunft bieten: ein einfaches, sauberes Zimmer mit Bad und Ventilator, Familienanschluss inbegriffen – auf Wunsch wird man bekocht und beraten. Da die Vermieter selten Englisch sprechen, sind zumindest marginale Spanischkenntnisse erforderlich!

◼ Verkehrsmittel im Land

In Mexiko haben Reisende keine Transportprobleme: Über das dichte Bus- und Flughafennetz sind fast alle Orte bequem zu erreichen. Die Preise für die Busfahrten sind recht niedrig, für Flüge wie in Europa.

Bahn

Nach der Privatisierung der staatlichen Eisenbahn ist das Netz überwiegend stillgelegt. Nur wenige Züge verkehren auf touristisch bedeutenden Strecken, so z.B. der **Maya-Express** (www.expresoma ya.com) oder der **Tequila-Express** (www. tequilaexpress.com.mx).

Der **El Chepe** (www.chepe.com.mx) bedient die schönste Eisenbahnstrecke des Landes, die von *Los Mochis* am Pazifik durch die Sierra Madre entlang der Barranca del Cobre hinauf nach *Chihuahua* führt. Sie ist 650 km lang, dauert rund 14 Stunden und kostet im 1.-Klasse-Aussichtswagen 1700 Pesos [s. S. 58].

Bus

Jeder Ort in Mexiko ist mit dem Bus zu erreichen. Die großen Städte sind gar im Stundentakt miteinander verbunden. Meist gibt es einen zentralen Busbahnhof (*Terminal Central*), aber auch über die Stadt verteilte Abfahrtsstellen der verschiedenen Busgesellschaften.

Für den **1.-Klasse-Bus** (*Rápido, Lujo, Primera clase*), der nur wenige Zwischenstopps einlegt, kann man im Voraus einen festen Sitzplatz reservieren. Klimaanlage, Toilette und TV sind meist vorhanden. Die 1850 km lange Fahrt von Mexiko-Stadt nach Mérida dauert 24 Stunden. Einziger Nachteil: der Bus ist oft als ›rápido‹ und die Warnlampe oder -klingel für das Überschreiten der Höchstgeschwindigkeit ist daher immer zu sehen oder zu hören (außer bei ETN).

Der **2.-Klasse-Bus** (*Segunda clase*) legt etliche Zwischenstopps ein und ist zudem meist überfüllt. Unterwegs zusteigende fliegende Händler besorgen die Verpflegung. Der Bus ist eher unbequem und langsam, daher nur für kurze Strecken zu empfehlen.

Infos und Online-Buchung über *Ticketbus* (www.ticketbus.com.mx) oder direkt bei den Busgesellschaften, z.B. *UNO* (www.uno.com.mx), *ADO* (www.adogl.com.mx), *ETN* (www.etn.com.mx) oder *Pullman* (www.pullman.com.mx).

Fähre

Fährverbindungen bestehen zwischen der Halbinsel *Baja California* und Häfen der mexikanischen Westküste: von La Paz nach Topolobampo (Los Mochis) und Mazatlán. **Infos**: *Baja Ferries* (www.baja ferries.com)

An der *Karibikküste* verkehren Fähren von Punta Sam, Puerto Juárez und Cancún zur Isla Mujeres sowie von Puerto Morelos, Calica (Punta Venado) und Playa del Carmen zur Isla Cozumel. **Infos**: *Ultramar* (www.ultramar.com.mx), *Mexico Waterjets* (www.mexicowaterjets.com)

Flugzeug

Neben den großen Fluggesellschaften *Aeroméxico* (www.aeromexico.com) und *Mexicana* (www.mexicana.com) bedienen *Click* (www.clickmx.com.mx), *Aviacsa* (www.aviacsa.com.mx) und viele regionale Linien die mehr als 50 Flughäfen Mexikos. Low-Budjet-Flüge bieten *Volaris* (www.volaris.com.mx), *Viva Aerobus* (www.vivaaerobus.com) und *Interjet* (www.interjet.com.mx).

Alle Flughäfen sind gut erreichbar. Vom Flughafen Mexiko-Stadt fahren mehrmals täglich Busse u.a. in die Städte des Hochlands.

In Kombination mit einem internationalen Flugticket bieten die Fluggesellschaften Aeroméxico und Mexicana den gemeinsamen Airpass **Mexi Pass**, der bis zu 90 Tage gültig ist. Mit dem Couponsystem können allein von Mexiko-Stadt aus 50 verschiedene Ziele erreicht werden, auch in Mittelamerika und der Karibik. Die Preise für die einzelnen Flüge liegen 30–50 % unter dem Normalpreis. Mindestens zwei Coupons müssen vor der Abreise aus Deutschland erworben werden. **Infos**:

Mexicana, Hessenring 32, 64546 Mörfelden-Walldorf, Tel. 061 05/20 60 80, www.mexicana.com

Zu beachten: Alle Inlandflüge müssen bis 72 Stunden vor Abflug (telefonisch) rückbestätigt werden (*Reconfirmación*), da sonst die Plätze anderweitig vergeben werden können.

Mietwagen

Für Mitglieder bietet die **ADAC-Autovermietung GmbH** günstige Konditionen. Buchungen über die ADAC-Geschäftsstellen oder unter Tel. 018 05/31 81 81 (0,14 €/Min.).

An allen Flughäfen Mexikos findet man Niederlassungen der großen internationalen Autovermietungen. Das Mindestalter für das Mieten eines Wagens (nur mit Kreditkarte möglich) beträgt 21 Jahre. Dringend empfohlen wird der Abschluss einer *Vollkaskoversicherung*.

Der nationale Führerschein reicht in der Regel aus, der internationale beschleunigt jedoch bei Kontrollen den Vorgang. Benzin gibt es als ›Magna‹ (bleifreies Benzin) und ›Premium‹ (bleifreies Super).

Einige (besonders gut unterhaltene) **Autobahnen** (z.B. von Mexiko-Stadt nach Querétaro, Guadalajara, Acapulco) sind gebührenpflichtig. Diese *Cuota* genannten Straßen verlaufen meist in der Nähe der alten Landstraßen, *Libre* genannt.

Taxi

Die an Flughäfen stehenden Taxis sind in der Regel recht teuer. Die *Tickets* werden zu fixen Preisen an einem eigens ausgewiesenen Schalter im Flughafengebäude verkauft. Mit Ausnahme von Acapulco und Cancún sind die innerörtlichen Taxipreise in Mexiko sehr niedrig (4–6 Pesos pro km).

Zu beachten: Nach Möglichkeit sollte man nur Taxis von offiziellen Ständen *(sitios)* benutzen. Diese sind zwar teurer, aber auch sicherer, als die auf der Straße angeheuerten. Wenn es kein Taxameter gibt, ist der Fahrpreis vor dem Fahrtantritt zu vereinbaren. Im Zweifelsfalle erkundigt man sich an der Hotelrezeption nach den üblichen Tarifen.

Sammeltaxis (meist VW-Bus) heißen *Peseros* oder *Colectivos* und verkehren in größeren Städten auf festen Routen. Man hält sie per Handzeichen an und zahlt wenige Pesos.

Sprachführer
Spanisch für die Reise

■ Das Wichtigste in Kürze

Ja/Nein	*sí/no*
Bitte/Danke	*por favor/gracias*
In Ordnung!/	*¡Está bien!/*
Einverstanden!	*¡De acuerdo!*
Entschuldigung!	*¡Perdón!*
Wie bitte?	*¿Cómo dice/dices?*
Ich verstehe Sie nicht.	*No le entiendo.*
Ich spreche nur	*Hablo sólo un poco*
wenig Spanisch.	*de español.*
Können Sie mir	*¿Puede ayudarme,*
bitte helfen?	*por favor?*
Das gefällt mir (nicht).	*(No) Me gusta.*
Ich möchte ...	*Quisiera ...*
Haben Sie ...?	*¿Tiene Usted ...?*
Gibt es ...?	*¿Hay ...?*
Wie viel kostet das?	*¿Cuánto cuesta?*
Wie teuer ist ...?	*¿Qué precio tiene ...?*
Kann ich mit Kredit-	*¿Puedo pagar con la*
karte bezahlen?	*tarjeta de crédito?*
Wie viel Uhr ist es?	*¿Qué hora es?*
Guten Morgen!	*¡Buenos días!*
Guten Tag!	*¡Buenos días!/*
	¡Buenas tardes!
Guten Abend!	*¡Buenas tardes!*
Gute Nacht!	*¡Buenas noches!*
Hallo!/Grüß Dich!	*¡Hola!/¿Qué tal?*
Mein Name ist ...	*Me llamo ...*
Wie ist Ihr Name, bitte?	*¿Cómo se llama*
	Usted, por favor?
Wie geht es Ihnen?	*¿Qué tal está Usted?*

Auf Wiedersehen!	*¡Adiós!*
Tschüs!	*¡Hasta luego!*
Bis bald!	*¡Hasta pronto!*
Bis morgen!	*¡Hasta mañana!*
gestern/heute/morgen	*ayer/hoy/mañana*
am Vormittag/	*por la mañana/*
Nachmittag	*por la tarde*
am Abend/	*por la tarde/*
in der Nacht	*por la noche*
um 1 Uhr/2 Uhr usw.	*a la una/a las dos ...*
um Viertel vor	*a la(s) ... meno(s)*
(nach) ...	*cuarto (y cuarto)*
um ... Uhr 30	*a la/las ... y media*
Minute(n)/Stunde(n)	*minuto(s)/hora(s)*
Tag(e)/Woche(n)	*día(s)/semana(s)*
Monat(e)/Jahr(e)	*mes(es)/año(s)*

■ Wochentage

Montag	*lunes*
Dienstag	*martes*
Mittwoch	*miércoles*
Donnerstag	*jueves*
Freitag	*viernes*
Samstag	*sábado*
Sonntag	*domingo*

■ Monate

Januar	*enero*
Februar	*febrero*
März	*marzo*
April	*abril*
Mai	*mayo*
Juni	*junio*
Juli	*julio*
August	*agosto*
September	*septiembre*
Oktober	*octubre*
November	*noviembre*
Dezember	*diciembre*

■ Zahlen

0	*zero*	19	*diecinueve*
1	*uno*	20	*veinte*
2	*dos*	21	*veintiuno, -a*
3	*tres*	22	*veintidós*
4	*cuatro*	30	*treinta*
5	*cinco*	40	*cuarenta*
6	*seis*	50	*cincuenta*
7	*siete*	60	*sesenta*
8	*ocho*	70	*setenta*
9	*nueve*	80	*ochenta*
10	*diez*	90	*noventa*
11	*once*	100	*cien, ciento*
12	*doce*	200	*doscientos, as*
13	*trece*	1 000	*mil*
14	*catorce*	2 000	*dos mil*
15	*quince*	10 000	*diez mil*
16	*dieciséis*	1000 000	*un millón*
17	*diecisiete*	½	*medio*
18	*dieciocho*	¼	*un cuarto*

■ Maße

Kilometer	*kilómetro(s)*
Meter	*metro(s)*
Zentimeter	*centímetro(s)*
Kilogramm	*kilogramo(s)*
Pfund	*medio kilo*
Gramm	*gramo(s)*
Liter	*litro(s)*

■ Unterwegs

Nord/Süd/West/Ost	*norte/sur/oeste/este*
oben/unten	*arriba/abajo*

geöffnet/geschlossen	*abierto/cerrado*
geradeaus/	*derecho/*
links/	*a la izquierda/*
rechts/	*a la derecha/*
zurück	*atrás*
nah/weit	*cerca/lejos*
Wie weit ist das?	*¿A qué distancia está?*
Wo sind die	*¿Dónde están los*
Toiletten?	*aseos?*
Bitte, wo ist	*Por favor, ¿dónde*
die (der) nächste ...	*está ...*
Telefonzelle/	*la cabina telefónica/*
Bank/Polizei/	*el banco/la policía/*
Post/	*el correo/*
Geldautomat?	*el cajero automático*
	más cerca?
Wo ist ...	*¿Dónde está ...*
der Hauptbahnhof/	*la estación central/*
die Busstation/	*la estación autobus/*
der Flughafen?	*el aeropuerto?*
Wo finde ich ...	*¿Dónde está ...*
eine Apotheke/	*una farmacia/*
eine Bäckerei/	*una panadería/*
Fotoartikel/	*los artículos*
	fotográficos/
ein Kaufhaus/	*unos grandes*
	almacenes/
ein Lebensmittel-	*un supermercado/*
geschäft/	
den Markt?	*el mercado?*
Ist das der Weg/	*¿Es éste el camino/*
die Straße nach ...?	*la carretera a ...?*
Ich möchte mit ...	*Quisiera ir en ...*
dem Zug/dem Schiff/	*tren/barco/*
der Fähre/	*ferry/*
dem Flugzeug	*avión*
nach ... fahren.	*a ...*
Gilt dieser Preis für	*¿Es el precio de*
Hin- und Rückfahrt?	*ida y vuelta?*
Wie lange gilt das	*¿Hasta cuándo está*
Ticket?	*válido el billete?*
Wo ist das	*¿Dónde está*
Fremdenverkehrsamt/	*la oficina de turismo/*
ein Reisebüro?	*una agencia de viajes?*
Ich benötige eine	*Necesito una habita-*
Hotelunterkunft.	*ción en un hotel.*
Wo kann ich mein	*¿Dónde puedo dejar*
Gepäck lassen?	*mi equipaje?*
Ich habe meinen	*He perdido mi*
Koffer verloren.	*maleta.*

Zoll, Polizei

Ich habe etwas (nichts)	*Tengo algo (No tengo*
zu verzollen.	*nada de declarar.*
Ich habe nur	*Tengo sólo objetos*
persönliche Dinge.	*de uso personal.*
Hier ist die	*Aquí está el*
Kaufbescheinigung.	*recibo de compra.*
Hier ist mein(e) ...	*Aquí está mi ...*
Geld/Pass/	*dinero/pasaporte/*
Personalausweis/	*carnet de identidad/*

Kfz-Schein.	*los documentos del*
	vehículo.
Ich fahre nach ...	*Voy a ...*
und bleibe ...	*y me quedo ...*
Tage/Wochen.	*días/semanas.*
Ich möchte eine	*Quisiera hacer*
Anzeige erstatten	*una denuncia.*
Man hat mir ...	*Me han robado ...*
Geld/die Tasche/	*dinero/el bolso/*
die Papiere/	*los documentos/*
die Schlüssel/	*las llaves/*
den Fotoapparat/	*la cámera/*
den Koffer/	*la maleta/*
das Fahrrad gestohlen.	*la bicicleta.*
Verständigen Sie bitte	*Por favor, informe al*
das Deutsche Konsulat.	*Consulado Alemán.*

Freizeit

Ich möchte ein ...	*Quisiera alquilar ...*
Fahrrad/	*una bicicleta/*
Motorrad/	*una motocicleta/*
Surfbrett/	*una tabla de surf/*
Mountainbike/	*un mountain bike/*
Boot/Pferd mieten.	*un barco/un caballo.*
Gibt es ein(en) ...	*¿Hay en la cercanía ...*
Freizeitpark/	*un parque de*
	atracciones/
Freibad/	*una piscina pública/*
Golfplatz in der Nähe?	*un campo de golf?*
Wo ist die nächste	*¿Dónde hay una posi-*
Bademöglichkeit?	*bilidad de bañarse?*
Wo liegt der nächste	*¿Dónde está la*
Strand?	*playa más cerca?*
Wann hat ... geöffnet?	*¿Qué horario tiene ...?*

Bank, Post, Telefon

Ich möchte Geld	*Quisiera cambiar*
wechseln.	*dinero.*

Hinweise zur Aussprache

c	vor ›a, o, u‹ wie ›k‹,
	Bsp.: **c**asa, **c**aja
c	vor ›e‹ und ›i‹ ähnlich dem
	englischen ›th‹, Bsp.: gra**c**ia**s**
ch	wie ›tsch‹, Bsp.: le**ch**e
g	vor ›e‹ und ›i‹ wie ›ch‹,
	Bsp.: **g**ente
gue, gui	wie ›ge, gi‹, also mit stummem
	›u‹, Bsp.: **gui**tarra, **gui**so
h	ist immer stumm
j	wie ›ch‹, Bsp.: **j**amón
ll	wie ›lj‹, Bsp.: torti**ll**a
ñ	wie ›nj‹, Bsp.: ni**ñ**o
que, qui	wie ›ke, ki‹, also mit stummem
	›u‹, Bsp.: **qu**eso
v	wie ›b‹, Bsp.: **v**ia, **v**ino
z	ähnlich dem englischen ›th‹,
	Bsp.: tena**z**

Brauchen Sie meinen Ausweis?	¿Necesita Usted mi carnet de identidad?
Wo soll ich unterschreiben?	¿Dónde tengo que firmar?
Ich möchte eine Telefonverbindung nach ...	Quisiera una linea telefónica con ...
Wie lautet die Vorwahl für ...?	¿Cómo es el prefijo de…?
Wo gibt es ...	¿Dónde puedo conseguir ...
Münzen für den Fernsprecher/ Telefonkarten/	monedas/ tarjetas para el teléfono/
Briefmarken?	sellos?

Tankstelle

Wo ist die nächste Tankstelle?	¿Dónde está la gasolinera más cerca?
Ich möchte ... Liter ... Super/Diesel bleifrei/ verbleit.	Quisiera ... litros de ... gasolina super/diesel gasolina sin plomo/ con plomo.
Volltanken, bitte!	¡Lleno, por favor!
Bitte prüfen Sie ... den Reifendruck/	Controle por favor ... la presión de los neumáticos/
den Ölstand/	el nivel del aceite/
den Wasserstand/	el nivel del agua/
das Wasser für die Scheibenwischanlage/	el agua para el lavaparabrisas/
die Batterie.	la batería.
Würden Sie bitte ... den Ölwechsel vornehmen/	¿Podría ... cambiar el aceite/
den Radwechsel vornehmen/	cambiar la rueda/
die Sicherung austauschen/	cambiar el fusible/
die Zündkerzen erneuern/	cambiar las bujías/
die Zündung nachstellen/	ajustar el encendido/
den Wagen waschen?	lavar el coche?

Panne

Ich habe eine Panne.	Tengo una avería.
Der Motor startet nicht.	El motor no arranca.
Ich habe die Schlüssel im Wagen gelassen.	Dejé las llaves en el coche.
Ich habe kein Benzin/Diesel.	No tengo gasolina/diesel.
Gibt es hier in der Nähe eine Werkstatt?	¿Hay algún taller por aquí cerca?
Können Sie den Wagen reparieren?	¿Puede Usted reparar el coche?
Bis wann?	¿Para cuándo?

Mietwagen

Ich möchte ein Auto mieten.	Quisiera alquilar un coche.
Was kostet die pro Tag/pro Woche/ mit unbegrenzter km-Zahl/ mit Kaskoversicherung/ mit Kaution?	¿Cuánto cuesta el por día/por semana/ con kilometraje ilimitado/ con seguro ›casco‹/ con depósito?
Wo kann ich den Wagen zurückgeben?	¿Dónde puedo devolver el coche?

Unfall

Hilfe!	¡Ayuda!/¡Socorro!
Achtung!/Vorsicht!	¡Atención!/¡Cuidado!
Rufen Sie bitte schnell ... einen Krankenwagen/ die Polizei/ die Feuerwehr.	Por favor, llame en seguida ... una ambulancia/ a la policía/ a los bomberos.
Es war (nicht) meine Schuld.	(No) Fue culpa mía.
Geben Sie mir bitte Ihren Namen und Ihre Adresse.	Por favor, darme su nombre y dirección.
Ich brauche die Angaben zu Ihrer Autoversicherung.	Necesito los datos de su seguro.

Krankheit

Können Sie mir einen guten Deutsch sprechenden Arzt/ Zahnarzt empfehlen?	¿Puede recomendarme un buen médico/dentista que hable alemán?
Wann hat er Sprechstunde?	¿A qué hora tiene su consulta?
Wo ist die nächste Apotheke?	¿Dónde está la farmacia más próxima?
Ich brauche ein Mittel gegen ... Durchfall/ Halsschmerzen/ Fieber/ Insektenstiche/	Necesito un medicamento contra ... la diarrea/ dolor de garganta/ la fiebre/ las picaduras de insectos/
Verstopfung/ Zahnschmerzen.	el constipado/ dolor de muelas.

Im Hotel

Können Sie mir ein Hotel/eine Pension empfehlen?	¿Podría recomendarme un hotel/ una pensión?
Ich habe bei Ihnen ein Zimmer reserviert.	He reservado aquí una habitación.
Haben Sie ... ein Einzel-/	¿Tiene Usted ... una habitación individual/
Doppelzimmer ...	doble ...

mit Bad/Dusche/	con baño/ducha/
für eine Nacht/	para una noche/
für eine Woche/	para una semana/
mit Blick aufs Meer?	con vista al mar?
Was kostet das Zimmer	¿Cuánto cuesta la
mit ...	habitación con ...
Frühstück/	desayuno/
Halbpension/	media pensión/
Vollpension?	pensión completa?
Wie lange gibt es	¿Hasta qué hora
Frühstück?	se sirve el desayuno?
Ich möchte um ...	Quisiera que me
geweckt werden.	despierten a la(s) ...
Ich reise heute Abend/	Saldré esta noche/
morgen früh ab.	mañana temprano.
Haben Sie ein	¿Tiene
Faxgerät/	un fax/
Hotelsafe?	una caja fuerte?
Nehmen Sie	¿Acepta tarjetas
Kreditkarten an?	de crédito?
Kann ich Geld	¿Puedo cambiar
wechseln?	dinero?

Im Restaurant

Wo gibt es ein gutes	¿Dónde hay un buen
Restaurant/	restaurante/
ein günstiges	un restaurante
Restaurant?	economico?
Die Speisekarte/	¡La carta/
Getränkekarte,	la lista de bebidas,
bitte.	por favor!
Welches Gericht	¿Qué plato
können Sie beson-	puede Usted
ders empfehlen?	recomendarme
	especialmente?
Ich möchte das	Quisiera el plato
Tagesgericht/	del día/
Menü (zu ...)	el menú (de ...).
Ich möchte nur eine	Quisiera comer
Kleinigkeit essen.	poca cosa.
Haben Sie vegetarische	¿Hay platos
Gerichte?	vegetarianos?
Haben Sie offenen	¿Hay un vino de la
Wein?	casa?
Welche alkoholfreien	¿Qué bebidas sin
Getränke haben Sie?	alcohol tiene?
Haben Sie	¿Tiene agua mineral
Mineralwasser mit/	con/sin gas?
ohne Kohlensäure?	
Das Steak bitte ...	El bistec ...
englisch/medium	casi crudo/medio
durchgebraten.	bien hecho,
	por favor.
Können Sie mir	Por favor, ¿puede
bitte ...	darme ...
ein Messer/	un cuchillo/
eine Gabel/	un tenedor/
einen Löffel geben?	una cuchara?
Darf man rauchen?	¿Puedo fumar?
Die Rechnung, bitte/	¡La cuenta,
Bezahlen, bitte!	por favor!

Essen und Trinken

Abendessen	cena
Ananas	piña/ananás
Apfelsine	naranja
Aubergine	berenjena
Austern	ostinos
Banane	banana
Bier	cerveza
Braten	asado
Brot/Brötchen/Toast	pan/panecillo/tostada
Butter	mantequilla
Ei	huevo
Eintopf	cocido/puchero
Eis	hielo
Eiscreme	helado
Erdbeere	fresa/frutilla
Espresso	café espresso
Essig	vinagre
Fisch	pescado
Flasche	botella
Fleisch	carne
Fruchtsaft	jugo de fruta
Frühstück	desayuno
Geflügel	aves
Gemüse	verduras
Glas	copa/vaso
Gurke	pepino
Huhn	pollo
Hummer	bogavante
Kalbfleisch	carne de ternera
Kartoffeln	papas
Käse	queso
Krug/Karaffe	tarro
Meeresfrüchte	mariscos
Milch	leche
Milchkaffee	café con leche
Mineralwasser	agua mineral
Mittagessen	comida
Nachspeisen	postres
Öl	aceite
Oliven	aceitunas
Orangensaft	jugo de naranja
Pfeffer	pimienta
Pilze	setas
Reis	arroz
Rindfleisch	carne de res
Salat	ensalada
Salz	sal
Schinken	jamón
Schweinefleisch	carne de cerdo
Suppe	sopa
Süßigkeiten	dulces
Tee	té
Thunfisch	atún
Tintenfisch	pulpo
Vorspeisen	entremeses
Wassermelone	sandía
Wein	vino ...
Weiß-/Rot-	blanco/tinto
Rosé-Wein	rosado
Weintrauben	uvas
Zucker	azúcar

Mehr erleben, besser reisen!

Register

Impressum

Redaktionsleitung: Dr. Dagmar Walden
Lektorat und Bildredaktion:
Juliane Giesecke
Aktualisierung: Thomas Paulsen,
Kirsten Winkler
Karten: Computerkartographie Carrle,
München
Herstellung: Martina Baur
Druck, Bindung: Stürtz GmbH, Würzburg
Printed in Germany

Ansprechpartner für den Anzeigenverkauf:
Kommunalverlag GmbH & Co KG,
MediaCenterMünchen, Tel. 089/92 80 96-44

ISBN 978-3-89905-479-8

Neu bearbeitete Auflage 2009
© ADAC Verlag GmbH, München
© des abgebildeten Werks von Clemente
Orozco bei VG Bild-Kunst, Bonn 2009
© der abgebildeten Werke von Frida Kahlo
und Diego Rivieras bei Banco de México Diego Riviera & Frida Kahlo Museums Trust/
VG Bild-Kunst, Bonn 2009

Bildnachweis

Umschlag-Vorderseite: Chac Mool in
Chichén Itzá. Foto: Bildagentur Huber,
Garmisch-Partenkirchen

Titelseite
Oben: Erfüllung vieler Urlaubsträume –
Palmenstrand von Huatulco (Wh. von S. 78)
Mitte: Der nächtliche Paseo de la Reforma
im Großstadtdschungel Mexiko-City
(Wh. von S. 9)
Unten: Tanzvorführung auf dem riesigen
Platz vor der alten und neuen Basílica de
Guadalupe (Wh. von S. 29)

Anzenberger, Wien: 123 Mitte rechts (Bertu-
celli) – Huber Bildagentur, Garmisch-Partenkirchen: 16/17 (Schmid) – laif, Köln: 6 links
oben, 8 Mitte, 10 unten, 11 oben, 25, 29 oben,
45, 84, 87, 94, (Frilet), 6 links unten, 9 oben, 11
Mitte, 35, 43, 44, 59, 60, 75 unten, 100 (Chris-
tian Heeb), 6/7 unten (Herves/hemis.fr), 8
oben (Heuer), 8 unten (Perouse), 9 Mitte,
22/23 unten, 74/75 oben, 108 (hemispheres),
10 oben (hemis), 11 unten, 24, 26 unten, 29
unten, 32, 39, 80 unten, 81, 83, 88/89 oben, 89
unten, 96, 97, 106, 111, 112/113 oben, 113 unten,
116, 117, 120, 121, 122 oben und unten rechts
(Eid), 19 (Hughes), 27, 31 (Kurz), 34, 57, 71 oben,
72, 90/91 oben, 90 unten, 101 (Gonzales), 92
(Riehle), 93, 95 (Le Figaro Magazin), 104 (Hub)
– Lock, München: 22 oben, 26 oben, 30, 37, 38,
41 (2), 42, 47, 50, 52, 53, 54, 55, 61, 62, 63, 64, 65,
66, 67, 68, 69 (2), 74 unten, 77, 78, 80 oben, 82,
86, 102, 105, 109, 112 unten, 119 (2), 123 Mitte
und unten links, 128 (Heeb), 28, 122 oben links
(Martini), 46, 114/115 (age fotostock) – Mauri-
tius, Mittenwald: 9 unten, 36, 99 (age), 49
(Vidler), 51 (SDP), 70/71 unten (World Pictu-
res), 107/108 (Egmont Strigle/imagebroker) –
Süddeutscher Verlag, München: 12, 13 (2),
14 (2), 15 (2) – Superbild, Hamburg: 10 oben

Für Ihren Urlaub: Die Reisemagazine vom ADAC.

Alle zwei Monate neu.

www.adac.de/shop